Hefei Huang und Dieter Ziethen

Vorbereitung HSK-Prüfung

HSK 3

3. verb. Auflage

Machen Sie sich fit für die Zukunft:

www.huang-verlag.de

Ihr Fachbuchverlag für Ostasien

Hefei Huang und Dieter Ziethen

Vorbereitung HSK-Prüfung

HSK 3

3. verb. Auflage

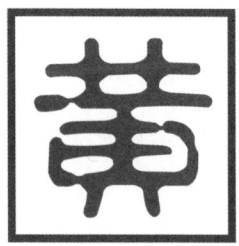

Hefei Huang Verlag

Alle in diesem Buch enthaltenen Informationen wurden nach bestem Wissen zusammengestellt. Dennoch sind Fehler nicht ganz ausgeschlossen. Aus diesem Grund sind die in diesem Buch enthaltenen Informationen mit keiner Verpflichtung oder Garantie in irgendeiner Weise verbunden. Autor und Verlag übernehmen infolgedessen keine Verantwortung und werden keine daraus folgende oder sonstige Haftung übernehmen, die auf irgendeine Art aus der Benutzung dieser Informationen oder Teilen davon entsteht.

Ebensowenig übernehmen Autor und Verlag die Gewähr dafür, dass die beschriebenen Verfahren usw. frei von Schutzrechten Dritter sind. Die Wiedergabe von Gebrauchsnamen, Handelsnamen, Warenbezeichnungen usw. in diesem Werk berechtigt also auch ohne besondere Kennzeichnung nicht zu der Annahme, dass solche Namen im Sinne der Warenzeichen- und Markenschutzgesetzgebung als frei zu betrachten wären und daher von jedermann benutzt werden dürften.

Bibliografische Information der Deutschen Bibliothek

Die Deutsche Bibliothek verzeichnet diese Publikation in der Deutschen Nationalbibliographie. Detaillierte bibliografische Daten sind im Internet über http://dnb.ddb.de abrufbar.

Dieses Werk ist urheberrechtlich geschützt.

Alle Rechte, auch die der Übersetzung, des Nachdruckes und der Vervielfältigung des Buches, oder Teilen daraus, vorbehalten. Kein Teil des Werkes darf ohne schriftliche Genehmigung des Verlages in irgendeiner Form (Fotokopie, Mikrofilm oder ein anderes Verfahren), auch nicht für Zwecke der Unterrichtsgestaltung, reproduziert oder unter Verwendung elektronischer Systeme verarbeitet, vervielfältigt oder verbreitet werden.

ISBN 978-3-940497-41-3, 3. verb. Auflage

© 2015 Hefei Huang Verlag GmbH, Osterseestr. 50 a, 82194 Gröbenzell
www.huang-verlag.de

Gedruckt in Deutschland

Inhalt

Inhalt	5
HSK-Prüfung	6
Benutzung des Buchs	7
Vokabelliste	8
Grammatik-Schnellreferenz	18
Hörverständnis 1	30
Hörverständnis 2	64
Hörverständnis 3	85
Hörverständnis 4	118
Leseverständnis 1	160
Leseverständnis 2	177
Leseverständnis 3	199
Schreibfähigkeit 1	224
Schreibfähigkeit 2	240
Anhang A: Grammatik des HSK 3	253
Anhang B: Zähleinheitswörter	300
Anhang C: Zeichen mit zwei Lesungen	302
Anhang D: Ähnliche Wörter	304

Allgemeine Informationen

HSK-Prüfung

Das Buch hat den Zweck, eine kompakte Vorbereitung auf die 3. Stufe der neuen HSK-Prüfung zu ermöglichen, die seit 2010 verwendet wird. HSK steht für „Hànyǔ Shuǐpíng Kǎoshì" (汉语水平考试). Der HSK ist eine standardisierte Prüfung, um die chinesischen Sprachkenntnisse nachzuweisen, und wird weltweit in zertifizierten Prüfungszentren abgehalten. Die Prüfung ist in sechs Level gegliedert:

Neuer HSK	Vokabeln	EU-Sprachrahmen	Stufe
HSK 1	150	A1	Grundstufe
HSK 2	300	A2	
HSK 3	600	B1	Mittelstufe
HSK 4	1.200	B2	
HSK 5	2.500	C1	Oberstufe
HSK 6	>5.000	C2	

Die Prüfung des HSK 3 besteht aus 80 Prüfungsfragen zum Test des Hör- und Leseverständnisses sowie der Schreibfähigkeit. Als Dauer sind 75 min für die Prüfungsfragen und weitere 10 min für die Prüfungsformalitäten festgesetzt. Insgesamt dauert die Prüfung ungefähr 85 min.

Prüfungsschritte des HSK 3		Anzahl der Fragen		Minuten
Grunddaten ausfüllen				5 min
Prüfung Teil 1: Hörverständnis	Hören 1	10	40	35 min
	Hören 2	10		
	Hören 3	10		
	Hören 4	10		
Prüfung Teil 2: Leseverständnis	Lesen 1	10	30	25 min
	Lesen 2	10		
	Lesen 3	10		
Prüfung Teil 3: Schreibfähigkeit	Schreiben 1	5	10	15 min
	Schreiben 2	5		
Antwortkarte ausfüllen				5 min

Allgemeine Informationen

Benutzung des Buchs

Ziel des Buches ist es, den Wortschatz und die Grammatik des neuen HSK 3 zu vermitteln und über zahlreiche Musterprüfungen ein Prüfungstraining im Stil des HSK zu bieten. Voraussetzung für die Verwendung dieses Buchs sind grundlegende chinesische Sprachkenntnisse auf dem Level des neuen HSK 2.

Zur Prüfungsvorbereitung wird empfohlen, zuerst mit Hilfe des Kapitels *„Vokabelliste"* das Vokabular zu überprüfen und eventuelle Lücken zu schließen. Im zweiten Schritt sollte das Kapitel *„Grammatik-Schnellreferenz"* durchgelesen werden, um zu wissen, welcher Grammatikumfang im HSK 3 erwartet wird. Tauchen dabei Fragen auf, kann im *„Anhang A: Grammatik des HSK 3"* gezielt nachgelesen werden. Anschließend können die Musterprüfungen durchgearbeitet werden, um den Lernstoff des HSK 3 zu trainieren und zu festigen.

1. Schritt: Vokabeln überprüfen

2. Schritt: Grammatik überprüfen

3. Schritt: Mit Hilfe des Anhang A Grammatikfragen klären

4. Schritt: Musteraufgaben durcharbeiten

In der Prüfung des HSK 3 ist zusätzlich gefordert, schreiben zu können. Wer gezielt das Schreiben der Schriftzeichen und Vokabeln des HSK 3 üben möchte, der sei zusätzlich auf die Bücher „Chinesische Elementarzeichen 3 – Übungsbuch der Schriftzeichen und Vokabeln des neuen HSK 3, Teil 1" und „Chinesische Elementarzeichen 4 – Übungsbuch der Schriftzeichen und Vokabeln des neuen HSK 3, Teil 2" verwiesen.

Viel Erfolg bei der Prüfungsvorbereitung!

HSK 3

Vokabelliste

In diesem Kapitel sind alle Vokabeln des neuen HSK 3 alphabetisch aufgeführt. Zusätzlich sind Vokabeln ergänzt, die in neueren Prüfungen gesichtet wurden. Sie sind mit einem ☯-Zeichen markiert. Bei gleichem Rang im lateinischen Alphabet ist zusätzlich nach den chinesischen Tönen untersortiert (Beispiel: mā, má, mǎ, mà, ma). Die Ziffern der im HSK 3 hinzugekommenen Wörter sind grau unterlegt.

A
1. āyí, 阿姨, Tante
2. a, 啊, Ausrufswort
3. ǎi, 矮, klein, niedrig (Körper)
4. ài, 爱, lieben
5. àihào, 爱好, Hobby
6. ānjìng, 安静, still, ruhig

B
7. bā, 八, acht
8. bǎ, 把, Betonungspartikel; ZEW
9. ba, 吧, Vermutungs- oder Aufforderungspartikel
10. bàba, 爸爸, Vater
11. bái, 白, weiß
12. bǎi, 百, hundert
13. bān, 班, Klasse, Schichtdienst
14. bān, 搬, tragen, umlegen
15. bàn, 半, Hälfte, halb
16. bànfǎ, 办法, Methode, Lösung
17. bàngōngshì, 办公室, Büro
18. bāngzhù, 帮助, helfen, beistehen
19. bāngmáng, 帮忙, helfen
20. bāo, 包, Tasche, einwickeln
21. bǎo, 饱, satt
22. bàozhǐ, 报纸, Zeitung
23. bēizi, 杯子, Tasse, Becher
24. běifāng, 北方, Norden
25. Běijīng, 北京, Peking
26. bèi, 被, Passivpartikel
27. běn, 本, ZEW*⁾ für Bücher
28. bízi, 鼻子, Nase
29. bǐ, 比, verglichen mit
30. bǐjiào, 比较, vergleichen, relativ
☯ bǐjìběn, 笔记本, Notizbuch
31. bǐsài, 比赛, Wettkampf
32. bìxū, 必须, müssen, verpflichtet sein
33. biànhuà, 变化, Veränderung
34. biǎoshì, 表示, zeigen, äußern
35. biǎoyǎn, 表演, aufführen, Aufführung
36. bié, 别, etwas nicht tun
37. biéren, 别人, die anderen
38. bīnguǎn, 宾馆, Hotel, Gasthaus
39. bīngxiāng, 冰箱, Kühlschrank
☯ búdàn..., 不但..., nicht nur
40. bú kèqi, 不客气, gerne geschehen; nicht höflich sein
41. bù, 不, nicht, nein

C
42. cái, 才, erst
43. cài, 菜, Gemüse
44. càidān, 菜单, Menü, Speisekarte
45. cānjiā, 参加, teilnehmen

46.	cǎo, 草, Gras, Kraut	81.	dāngrán, 当然, sicherlich, selbstverständlich
47.	céng, 层, ZEW*) Schichten		
48.	chá, 茶, Tee	82.	dào, 到, ankommen
49.	chà, 差, nicht gleichen; schlecht	83.	de, 地, Adverbienpartikel
50.	cháng, 长, lang	84.	de, 的, Genitivpartikel
51.	chànggē, 唱歌, Lied singen	85.	de, 得, Verbindungspartikel
52.	chāoshì, 超市, Supermarkt	86.	dēng, 灯, Lampe
53.	chènshān, 衬衫, Hemd, Bluse	87.	děng, 等, warten
54.	chéngjì, 成绩, Leistung	88.	dī, 低, niedrig
55.	chéngshì, 城市, Stadt	89.	dìdi, 弟弟, jüngerer Bruder
56.	chī, 吃, essen	90.	dìfang, 地方, Ort, Gebiet
57.	chídào, 迟到, sich verspäten	91.	dìtiě, 地铁, U-Bahn
58.	chū, 出, hinausgehen	92.	dìtú, 地图, Landkarte, Stadtplan
59.	chūxiàn, 出现, erscheinen	93.	dì-yī, 第一, der (die, das) erste
60.	chūzūchē, 出租车, Taxi	94.	diǎn, 点, Tupfen, (Uhr); bestellen
61.	chúfáng, 厨房, Küche	95.	diànnǎo, 电脑, Computer
62.	chúle, 除了, außer, neben	96.	diànshì, 电视, Fernseher
63.	chuān, 穿, anziehen	97.	diàntī, 电梯, Aufzug
64.	chuán, 船, Schiff	98.	diànyǐng, 电影, Kinofilm
65.	chūn, 春, Frühling	99.	diànzǐ yóujiàn, 电子邮件, Email
66.	cíyǔ, 词语, Ausdruck (Sprache)	100.	dōng, 东, Osten
67.	cì, 次, Mal	101.	dōngxi, 东西, Sache
68.	cōngming, 聪明, klug, intelligent	102.	dōng, 冬, Winter
69.	cóng, 从, von	103.	dǒng, 懂, verstehen
70.	cuò, 错, falsch	104.	dòngwù, 动物, Tier
		☯	dòngwùyuán, 动物园, Zoo
D		105.	dōu, 都, alle
71.	dǎ diànhuà, 打电话, telefonieren	106.	dú, 读, lesen, laut lesen
72.	dǎ lánqiú, 打篮球, Basketball spielen	107.	duǎn, 短, kurz
		108.	duàn, 段, ZEW*) Abschnitte
73.	dǎsǎo, 打扫, sauber machen	109.	duànliàn, 锻炼, sich trainieren
74.	dǎsuàn, 打算, planen, vorhaben	110.	duì, 对, richtig
75.	dà, 大, groß	111.	duìbuqǐ, 对不起, Entschuldigung
76.	dàjiā, 大家, alle zusammen	112.	duō, 多, viel
77.	dài, 带, mitnehmen	113.	duōme, 多么, was für ein
78.	dānxīn, 担心, sich sorgen um	114.	duōshao, 多少, wie viel
79.	dàngāo, 蛋糕, Kuchen		
80.	dànshì, 但是, aber		

Vokabelliste

E

115. è, 饿, hungrig
116. érqiě, 而且, sondern auch
117. érzi, 儿子, Sohn
118. ěrduo, 耳朵, Ohr
119. èr, 二, zwei

F

- fā, 发, senden
120. fāshāo, 发烧, fiebern
121. fāxiàn, 发现, entdecken
- fàndiàn, 饭店, Restaurant
122. fànguǎn, 饭馆, Restaurant
123. fāngbiàn, 方便, bequem, günstig
124. fángjiān, 房间, Zimmer
125. fàng, 放, freilassen, legen
126. fàngxīn, 放心, sich beruhigen
127. fēicháng, 非常, außerordentlich
128. fēijī, 飞机, Flugzeug
129. fēn, 分, ZEW*) Minuten; teilen
130. fēnzhōng, 分钟, Minute
131. fúwùyuán, 服务员, Bedienung
132. fùjìn, 附近, in der Nähe
133. fùxí, 复习, wiederholen

G

134. gānjìng, 干净, sauber
135. gǎn, 敢, sich getrauen
136. gǎnmào, 感冒, sich erkälten
- gǎn xìngqù, 感兴趣, Interesse haben
137. gāngcái, 刚才, vor kurzem
138. gāo, 高, groß, hoch
139. gāoxìng, 高兴, glücklich, freuen
140. gàosu, 告诉, mitteilen, sagen
141. gēge, 哥哥, älterer Bruder
142. ge, 个, Stück
143. gěi, 给, geben, für

144. gēn, 跟, folgen, mit
145. gēnjù, 根据, nach, gemäß
146. gèng, 更, noch, noch mehr
- gèzi, 个子, Statur, Körpergröße
147. gōnggòngqìchē, 公共汽车, Bus
148. gōngjīn, 公斤, Kilogramm
149. gōngsī, 公司, Firma
150. gōngyuán, 公园, Park
151. gōngzuò, 工作, arbeiten
152. gǒu, 狗, Hund
153. gùshi, 故事, Geschichte, Erzählung
154. guā fēng, 刮风, Wind wehen
155. guān, 关, schließen
156. guānxì, 关系, Beziehung, Verhältnis
157. guānxīn, 关心, sich kümmern um, Interesse haben
158. guānyú, 关于, bezüglich, über
159. guì, 贵, teuer, wertvoll
160. guójiā, 国家, Land, Staat
161. guǒzhī, 果汁, Saft
162. guòqù, 过去, hinübergehen, früher
163. guò, 过, überqueren, verbringen; Vergangenheitspartikel

H

164. hái, 还, noch
165. háishì, 还是, trotzdem, oder
166. háizi, 孩子, Kind
- hángbān, 航班, Linienflug
167. hàipà, 害怕, Angst haben
168. Hànyǔ, 汉语, Chinesisch
169. hǎo, 好, gut
170. hǎochī, 好吃, köstlich
171. hào, 号, Nummer
172. hē, 喝, trinken

Vokabelliste

173. hé, 和, und, mit
174. hé, 河, Fluss
175. hēi, 黑, schwarz
176. hēibǎn, 黑板, Tafel
177. hěn, 很, sehr
178. hóng, 红, rot
☯ hòulái, 后来, danach
179. hòumiàn, 后面, hinter
180. hùzhào, 护照, Reisepass
181. huā, 花, Blume; aufwenden
182. huāyuán, 花园, Blumengarten
183. huà, 画, Bild, malen
184. huài, 坏, kaputt
185. huānyíng, 欢迎, willkommen
186. huán, 还, zurückgeben
187. huánjìng, 环境, Umwelt, Umgebung
188. huàn, 换, wechseln
189. huáng, 黄, gelb
☯ Huánghé, 黄河, Gelber Fluss
190. huí, 回, zurückkehren
191. huídá, 回答, antworten
192. huì, 会, können
193. huìyì, 会议, Konferenz
194. huǒchēzhàn, 火车站, Bahnhof
195. huòzhě, 或者, entweder... oder

J

196. jīchǎng, 机场, Flughafen
197. jīdàn, 鸡蛋, Hühnerei
198. jīhū, 几乎, nahezu
199. jīhuì, 机会, Gelegenheit, Chance
200. jí, 极, extrem, höchst
201. jǐ, 几, wie viele
202. jìde, 记得, sich erinnern
203. jìjié, 季节, Jahrzeit
204. jiā, 家, Familie, zu Hause
205. jiǎnchá, 检查, nachprüfen, kontrollieren
206. jiǎndān, 简单, einfach, simpel
207. jiàn, 件, ZEW*) für Kleidung
208. jiànkāng, 健康, gesund, Gesundheit
209. jiànmiàn, 见面, sich treffen
210. jiǎng, 讲, erzählen
☯ jiàngluò, 降落, landen
211. jiāo, 教, lehren, unterrichten
212. jiǎo, 角, Ecke (auch Geldeinheit)
213. jiǎo, 脚, Fuß
214. jiào, 叫, heißen, rufen
215. jiàoshì, 教室, Klassenzimmer
216. jiē, 接, abholen
217. jiēdào, 街道, Straße
218. jiéhūn, 结婚, heiraten
219. jiéshù, 结束, enden, beenden
220. jiémù, 节目, Programm
221. jiérì, 节日, Feiertag
222. jiějie, 姐姐, ältere Schwester
223. jiějué, 解决, lösen, erledigen
224. jiè, 借, leihen
225. jièshào, 介绍, vorstellen
226. jīntiān, 今天, heute
227. jìn, 进, herein, hineintreten
228. jìn, 近, nahe
229. jīngcháng, 经常, oft
230. jīngguò, 经过, vorbeigehen; durch
231. jīnglǐ, 经理, Manager
232. jiǔ, 九, neun
233. jiǔ, 久, lange Zeit
234. jiù, 旧, veraltet, alt, gebraucht
235. jiù, 就, bald, sofort
236. jǔxíng, 举行, stattfinden, veranstalten
237. jùzi, 句子, Satz
238. juéde, 觉得, fühlen, empfinden

11

Vokabelliste

239. juédìng, 决定, entscheiden

K

240. kāfēi, 咖啡, Kaffee
241. kāi, 开, öffnen, steuern
242. kāishǐ, 开始, beginnen
243. kàn, 看, schauen, gucken, lesen
244. kànjiàn, 看见, sehen, erblicken
245. kǎoshì, 考试, Prüfung, prüfen
246. kě, 渴, durstig
247. kě'ài, 可爱, niedlich
248. kěnéng, 可能, wahrscheinl. sein
249. kěyǐ, 可以, können, dürfen
250. kè, 刻, Viertel
251. kè, 课, Unterricht, Lektion
252. kèrén, 客人, Gast
253. kōngtiáo, 空调, Klimaanlage
254. kǒu, 口, Mund
255. kū, 哭, weinen
256. kùzi, 裤子, Hose
257. kuài, 块, Klotz, Währungseinheit
258. kuài, 快, schnell
259. kuàilè, 快乐, glücklich
260. kuàizi, 筷子, Essstäbchen

L

261. lái, 来, herkommen, kommen
262. lán, 蓝, blau
263. lǎo, 老, alt
264. lǎoshī, 老师, Lehrer
265. le, 了, Vergangenheitspartikel
266. lèi, 累, müde
267. lěng, 冷, kalt
268. lí, 离, entfernt
269. líkāi, 离开, verlassen
270. lǐ, 里, innen
271. lǐwù, 礼物, Geschenk
272. lìshǐ, 历史, Geschichte, Historie
273. liǎn, 脸, Gesicht
274. liànxí, 练习, Übung, üben
275. liǎng, 两, zwei
276. liàng, 辆, ZEW*) Fahrzeuge
277. liǎojiě, 了解, sich informieren, sich erkundigen
☯ liáotiān, 聊天, sich unterhalten
278. línjū, 邻居, Nachbar
279. líng, 零, null
280. liù, 六, sechs
☯ liúxué, 留学, im Ausland studieren
281. lóu, 楼, ZEW*) Stockwerke
282. lù, 路, Straße, Weg
283. lǚyóu, 旅游, herumreisen, Reise
284. lǜ, 绿, grün

M

285. māma, 妈妈, Mutter, Mama
286. mǎ, 马, Pferd
287. mǎshàng, 马上, sofort
288. ma, 吗, Fragepartikel
289. mǎi, 买, kaufen
290. mài, 卖, verkaufen
291. mǎnyì, 满意, zufrieden sein
292. màn, 慢, langsam
293. máng, 忙, beschäftigt
294. māo, 猫, Katze
295. màozi, 帽子, Mütze, Hut
296. méi, 没, nicht
297. méi guānxi, 没关系, Das macht nichts.
298. měi, 每, jede, jeder, jedes
299. mèimei, 妹妹, jüngere Schwester
300. mén, 门, Tür
301. mǐ, 米, Reiskorn, auch: Meter
302. mǐfàn, 米饭, gekochter Reis
303. miànbāo, 面包, Brot

304. miàntiáo, 面条, Nudeln
305. míngbai, 明白, klar, deutlich, verstehen
306. míngtiān, 明天, morgen
307. míngzi, 名字, Name

N

308. ná, 拿, nehmen
309. nǎ (nǎr), 哪, 哪儿, welche, wo
310. nà (nàr), 那, 那儿, jener, dort
311. nǎinai, 奶奶, Großmutter (väterlicherseits)
312. nán, 南, Süden
☯ nán, 男, männlich
313. nánrén, 男人, Mann, Männer
314. nán, 难, schwierig
315. nánguò, 难过, traurig sein
316. ne, 呢, Fragepartikel
317. néng, 能, können, dürfen
318. nǐ, 你, du
319. nián, 年, Jahr
320. niánjí, 年级, Schuljahr
321. niánqīng, 年轻, jung, jugendlich
322. niǎo, 鸟, Vogel
323. nín, 您, Sie
324. niúnǎi, 牛奶, Kuhmilch
325. nǔlì, 努力, sich anstrengen
☯ nǚ, 女, weiblich
326. nǚ'ér, 女儿, Tochter
327. nǚrén, 女人, Frau, Frauen

P

328. páshān, 爬山, bergwandern
329. pánzi, 盘子, Teller
330. pángbiān, 旁边, daneben
331. pàng, 胖, dick (für Menschen)
332. pǎobù, 跑步, laufen, joggen
333. péngyou, 朋友, Freund
334. píjiǔ, 啤酒, Bier
335. piányi, 便宜, billig
336. piào, 票, Karte
337. piàoliang, 漂亮, hübsch
338. píngguǒ, 苹果, Apfel
☯ píxié, 皮鞋, Lederschuhe
339. pútao, 葡萄, Traube(n)
340. pǔtōnghuà, 普通话, Hochchinesisch

Q

341. qī, 七, sieben
342. qīzi, 妻子, Ehefrau
343. qíshí, 其实, eigentlich, tatsächlich
344. qítā, 其他, andere
345. qí, 骑, reiten
☯ qǐfēi, 起飞, abfliegen
346. qíguài, 奇怪, seltsam
347. qǐchuáng, 起床, aufstehen
348. qiān, 千, tausend
349. qiānbǐ, 铅笔, Bleistift
350. qián, 钱, Geld
351. qiánmiàn, 前面, vorne, vor
352. qīngchu, 清楚, deutlich, leicht zu erkennen, klar
353. qíng, 晴, heiter
354. qǐng, 请, bitten
355. qiū, 秋, Herbst
356. qù, 去, hingehen
357. qùnián, 去年, letztes Jahr
358. qúnzi, 裙子, Rock

R

359. ránhòu, 然后, danach
360. ràng, 让, lassen, nachgeben
361. rè, 热, warm
362. rèqíng, 热情, warmherzig

Vokabelliste

363. rén, 人, Mensch, Person
364. rènshi, 认识, kennenlernen
365. rènwéi, 认为, meinen
366. rènzhēn, 认真, ernsthaft, gewissenhaft
367. rì, 日, Sonne, Tag
368. róngyì, 容易, leicht, mühelos
369. rúguǒ, 如果, wenn, falls

S

370. sān, 三, drei
371. sǎn, 伞, Schirm
372. shāngdiàn, 商店, Laden
373. shàng, 上, oben, auf, nach oben
374. shàngbān, 上班, Dienst haben
375. shàngwǎng, 上网, online surfen
376. shàngwǔ, 上午, Vormittag
377. shǎo, 少, wenig
378. shéi (shuí), 谁, wer
379. shēntǐ, 身体, Körper
380. shénme, 什么, was
381. shēngbìng, 生病, krank sein
382. shēngqì, 生气, sich ärgern
383. shēngrì, 生日, Geburtstag
384. shēngyīn, 声音, Stimme, Geräusch
385. shí, 十, zehn
386. shíhou, 时候, Zeit, Zeitpunkt
387. shíjiān, 时间, Zeit
388. shǐ, 使, lassen
389. shì, 是, sein, ja
☯ shì, 试, probieren
390. shìjiè, 世界, Welt
391. shìqing, 事情, Angelegenheit
392. shǒubiǎo, 手表, Armbanduhr
393. shǒujī, 手机, Handy
394. shòu, 瘦, dünn, mager
395. shū, 书, Buch
396. shūfu, 舒服, bequem, angenehm, sich wohlfühlen
397. shūshu, 叔叔, Onkel
398. shù, 树, Baum
399. shùxué, 数学, Mathematik
400. shuāyá, 刷牙, Zähne putzen
401. shuāng, 双, ZEW[*)] Paare
402. shuǐ, 水, Wasser
403. shuǐguǒ, 水果, Obst
404. shuǐpíng, 水平, Niveau, Standard
405. shuìjiào, 睡觉, schlafen
☯ shuō, 说, sprechen
406. shuōhuà, 说话, sprechen
407. sījī, 司机, Fahrer
408. sì, 四, vier
409. sòng, 送, schenken, begleiten
410. suīrán, 虽然, zwar, obwohl
411. suì, 岁, ZEW[*)] Alter
412. suǒyǐ, 所以, deshalb

T

413. tā, 他, er
414. tā, 她, sie
415. tā, 它, es
416. tài, 太, äußerst
417. tàiyáng, 太阳, Sonne
418. táng, 糖, Zucker, Bonbon
419. tèbié, 特别, besonders
420. téng, 疼, schmerzen, weh tun
421. tī zúqiú, 踢足球, Fußball spielen
422. tí, 题, Thema
423. tígāo, 提高, erhöhen, steigern
424. tǐyù, 体育, Sport
425. tiānqì, 天气, Wetter
426. tián, 甜, süß
427. tiáo, 条, ZEW[*)] Streifen
428. tiàowǔ, 跳舞, Tanz, tanzen
429. tīng, 听, hören

430.	tóngshì, 同事, Kollege	462.	xǐzǎo, 洗澡, duschen
431.	tóngxué, 同学, Mitschüler	463.	xǐhuan, 喜欢, mögen
432.	tóngyì, 同意, einverstanden sein	464.	xià, 下, unten, unter, nach unten
433.	tóufa, 头发, Haare	465.	xiàwǔ, 下午, Nachmittag
434.	tūrán, 突然, plötzlich	466.	xià yǔ, 下雨, regnen
435.	túshūguǎn, 图书馆, Bibliothek	467.	xià, 夏, Sommer
436.	tuǐ, 腿, Bein	468.	xiān, 先, zuerst
		469.	xiānsheng, 先生, Herr, Ehemann
W		470.	xiànzài, 现在, jetzt
437.	wài, 外, außen	471.	xiāngjiāo, 香蕉, Banane
438.	wán, 完, fertig	472.	xiāngtóng, 相同, gleich, identisch
439.	wánchéng, 完成, vollenden, erreichen	473.	xiāngxìn, 相信, glauben, vertrauen
440.	wán, 玩, spielen	474.	xiǎng, 想, möchten, denken, vermissen
441.	wǎn, 碗, Schüssel		
442.	wǎnshang, 晚上, Abend, abends	475.	xiàng, 向, nach
443.	wàn, 万, zehntausend	476.	xiàng, 像, ähnlich sein
444.	wàngjì, 忘记, vergessen	477.	xiǎo, 小, klein
445.	wèi (wéi), 喂, hallo	478.	xiǎojie, 小姐, Fräulein
446.	wèi, 为, für	479.	xiǎoshí, 小时, Stunde
447.	wèile, 为了, um zu, damit	480.	xiǎoxīn, 小心, Vorsicht
448.	wèi shénme, 为什么, warum	481.	xiào, 笑, lachen
449.	wèi, 位, ZEW*⁾ Personen	482.	xiàozhǎng, 校长, Schuldirektor
450.	wénhuà, 文化, Kultur, Bildung	483.	xiē, 些, einige
451.	wèn, 问, fragen	484.	xié, 鞋, Schuh
452.	wèntí, 问题, Frage, Problem	485.	xiě, 写, schreiben
453.	wǒ, 我, ich	486.	xièxie, 谢谢, danken
454.	wǒmen, 我们, wir	487.	xīn, 新, neu
455.	wǔ, 五, fünf	488.	xīnwén, 新闻, Nachrichten
		489.	xīnxiān, 新鲜, frisch
X		490.	xìn, 信, Brief
456.	xī, 西, Westen	491.	xīngqī, 星期, Woche
457.	xīguā, 西瓜, Wassermelone	492.	xínglixiāng, 行李箱, Reisekoffer
458.	xīwàng, 希望, erhoffen	493.	xìng, 姓, mit Nachnamen heißen
459.	xíguàn, 习惯, sich gewöhnen an, Gewohnheit	494.	xìngqù, 兴趣, Interesse
		☯	xìnyòngkǎ, 信用卡, Kreditkarte
460.	xǐ, 洗, waschen	495.	xióngmāo, 熊猫, Pandabär
461.	xǐshǒujiān, 洗手间, WC	496.	xiūxi, 休息, Pause machen

Vokabelliste

497. xūyào, 需要, brauchen, bedürfen
498. xuǎnzé, 选择, auswählen
499. xuésheng, 学生, Schüler
500. xuéxí, 学习, lernen
501. xuéxiào, 学校, Schule
502. xuě, 雪, Schnee

Y

503. yánsè, 颜色, Farbe
504. yǎnjìng, 眼镜, Brille
505. yǎnjing, 眼睛, Auge
506. yángròu, 羊肉, Schaffleisch
507. yāoqiú, 要求, verlangen, fordern
508. yào, 药, Arznei, Medizin
509. yào, 要, wollen, müssen, sollen
510. yéye, 爷爷, Großvater (väterlicherseits)
511. yě, 也, auch
512. yī, 一, ein, eins
513. yīfu, 衣服, Kleidung
514. yīshēng, 医生, Arzt
515. yīyuàn, 医院, Krankenhaus
- yìdiǎnr, 一点儿, ein bisschen
516. yídìng, 一定, bestimmt
517. yígòng, 一共, insgesamt
518. yíhuìr, 一会儿, eine kurze Weile
519. yíyàng, 一样, gleich
520. yǐhòu, 以后, nachher, danach
521. yǐqián, 以前, früher, vorher
522. yǐwéi, 以为, annehmen, glauben
523. yǐjīng, 已经, schon
524. yǐzi, 椅子, Stuhl
525. yìbān, 一般, gleich, üblich, allgemein
526. yìbiān, 一边, zur gleichen Zeit
527. yìqǐ, 一起, zusammen
528. yìzhí, 一直, geradeaus, ununterbrochen
529. yìsi, 意思, Bedeutung
- yí xià, 一下, mal kurz
530. yīn, 阴, trüb
531. yīnwéi, 因为, weil
532. yīnyuè, 音乐, Musik
533. yínháng, 银行, Bank
- yǐnliào, 饮料, Getränk
534. yīnggāi, 应该, sollen, müssen, erforderlich sein
535. yǐngxiǎng, 影响, Einfluss, beeinflussen
536. yòng, 用, benutzen
537. yóuxì, 游戏, Spiel
538. yóuyǒng, 游泳, schwimmen
539. yǒu, 有, haben, es gibt
540. yǒumíng, 有名, berühmt
541. yòu, 又, wieder
542. yòubian, 右边, rechts
543. yú, 鱼, Fisch
544. yùdào, 遇到, begegnen
545. yuán, 元, Währungseinheit
546. yuǎn, 远, weit, fern
547. yuànyì, 愿意, gewillt sein
548. yuè, 月, Monat, Mond
549. yuèliang, 月亮, Mond
550. yuè, 越, je mehr…, desto
551. yún, 云, Wolke
552. yùndòng, 运动, Bewegung

Z

553. zài, 在, sich befinden
554. zài, 再, wieder
555. zàijiàn, 再见, Auf Wiedersehen!
556. zǎoshang, 早上, morgens
557. zěnme, 怎么, wie
558. zěnmeyàng, 怎么样, wie… sein
559. zhàn, 站, stehen
560. zhāng, 张, ZEW[*)] für Karten

Vokabelliste

561. zhǎng, 长, Leiter; wachsen
562. zhàngfu, 丈夫, Ehemann
563. zháojí, 着急, sich aufregen
564. zhǎo, 找, suchen
565. zhàogù, 照顾, sich um etwas kümmern
566. zhàopiàn, 照片, Foto
567. zhàoxiàngjī, 照相机, Fotoapparat
568. zhè (zhèr), 这，这儿, dieser, hier
569. zhe, 着, Partikel durativer Aspekt
570. zhēn, 真, echt
571. zhèngzài, 正在, gerade, soeben
572. zhīdào, 知道, wissen
573. zhǐ, 只, nur
574. Zhōngguó, 中国, China
575. zhōngjiān, 中间, Mitte
576. zhōngwǔ, 中午, Mittag, mittags
☻ Zhōngwén, 中文, Chinesisch
577. zhōngyú, 终于, endlich
578. zhǒng, 种, ZEW*) Art, Sorte, Typ
579. zhòngyào, 重要, wichtig
580. zhōumò, 周末, Wochenende
581. zhǔyào, 主要, wesentlich, hauptsächlich
582. zhù, 住, wohnen, übernachten
583. zhù, 祝, wünschen
584. zhùyì, 注意, achten, aufpassen
585. zhǔnbèi, 准备, vorbereiten
586. zhuōzi, 桌子, Tisch
587. zì, 字, Schriftzeichen
588. zìdiǎn, 字典, Wörterbuch
589. zìjǐ, 自己, selbst, selber
590. zìxíngchē, 自行车, Fahrrad
591. zǒngshì, 总是, immer, stets
592. zǒu, 走, gehen
593. zuì, 最, Superlativpartikel
☻ zuǐ, 嘴, Mund
594. zuìjìn, 最近, kürzlich, neulich
595. zuótiān, 昨天, gestern
596. zuǒbian, 左边, links
597. zuò, 坐, sitzen
598. zuò, 做, machen, tun
599. zuòyè, 作业, Hausaufgabe
600. zuòyòng, 作用, Effekt, Wirkung

*)ZEW = Zähleinheitswort

Quelle: Hanban, 国家汉办

Grammatik-Schnellreferenz

HSK 3

Dieses Kapitel gibt anhand von Beispielen einen Überblick über die Grammatik des HSK 3 – der Unterschied zum HSK 2 ist dabei hellgrau hervorgehoben. Ziel ist es zu ermöglichen, schnell Wissenslücken aufzudecken, die mit Hilfe des Anhangs A geschlossen werden können. Die dunkelgrau unterlegten Seitenzahlen am Rand des Textes helfen beim Nachschlagen. Die Gliederung und die Beispiele sind am offiziellen Prüfungsrahmen orientiert (Quelle: Hanban, 国家汉办).

1 Pronomen

a) Personalpronomen

wǒ	nǐ	nín	tā	tā	tā	wǒmen	nǐmen	tāmen
我	你	您	他	她	它	我们	你们	他们

tāmen	tāmen	dàjiā	zìjǐ	biéren
她们	它们	大家	自己	别人

b) Demonstrativpronomen

zhè	zhèr	nà	nàr	měi	zhème	nàme	qítā
这	(这儿)	那	(那儿)	每	这么	那么	其他

c) Fragepronomen

shéi	nǎ	nǎr	shénme	duōshao	jǐ	zěnme	zěnmeyàng
谁	哪	(哪儿)	什么	多少	几	怎么	怎么样

wèi shénme
为什么

2 Zahlen

a) Zahlwörter

wàn	qiān	bǎi	shí
万	千	百	十

b) Zeit

diǎn　fēn　　diǎn　kè
8 点 40 分　　5 点 3 刻

nián　yuè　rì
2010 年 2 月 24 日

xīngqīsì
星期四

Grammatik-Schnellreferenz

c) Alter
         Tā jīnnián suì. S. 260
         他 今年 34 岁 。

d) Geld
    kuài   yuán   jiǎo   fēn S. 262
   10 块 6 元   5 角   3 分

e) Nummern
       Wǒ de diànhuà shì S. 262
       我 的 电话 是 71245。

f) Ordnungszahlen
       dì-sān   dì céng S. 263
       第三   第 10 层

g) Gewichte
          gōngjīn S. 263
         9 公斤

h) Längen
           mǐ S. 263
         1000 米

3 Zähleinheitswörter

a) Mengen
     yí ge   běn yì shuāng xié S. 260
     一 个 3 本 一 双 鞋 S. 300

   liǎng tiáo yú   céng sān zhǒng
   两 条 鱼 10 层 三 种

            duō rén
           500 多 人

           yìdiǎner kāfēi
  一点儿   一点儿 咖啡

b) 这、那、几、每
     zhège nàxiē jǐ běn měi cì S. 260
     这个   那些 几 本 每 次

4 Adverbien

a) Verneinung und Bestätigung

不		Wǒ bú shì xuésheng. 我 不 是 学生。
没、没有	Tā méi chīfàn. 她 没 吃饭。	Tā méiyǒu qù yīyuàn. 她 没有 去 医院。
别		Nǐ bié qù yóuyǒng le. 你 别 去 游泳 了。
一定		Wǒ míngtiān yídìng lái. 我 明天 一定 来。
必须		Wǒmen bìxū xiǎng yí ge hǎo bànfǎ. 我们 必须 想 一 个 好 办法。

b) Ausmaß und Grad

很	Tā hěn gāoxìng. 他 很 高兴。
太	Tài hǎo le! 太 好 了!
非常	Nàlǐ de tiānqì fēicháng rè. 那里 的 天气 非常 热。
最	Wǒ zuì xǐhuan hē kāfēi. 我 最 喜欢 喝 咖啡。
更	Míngtiān huì gèng hǎo. 明天 会 更 好。
越	Yǔ yuè xià yuè dà. 雨 越 下 越 大。
特别	Zhèr de xīguā tèbié tián. 这儿 的 西瓜 特别 甜。
多么（多）	Zhèxiē háizi duō kě'ài ya! 这些 孩子 多 可爱 呀!
极	Tā chàng de hǎo jí le! 她 唱 得 好 极 了!

Grammatik-Schnellreferenz

几乎 　　Zhōngguó de dà chéngshì, wǒ jīhū dōu qù guò.
　　　　中国 的 大 城市，我 几乎 都 去 过。

一点儿 　　　　　　　　　　　　　　Kuài yìdiǎner.
　　　　　　　　　　　　　　　　　快 一点儿。

c) Umstand
S. 268

都 　　　Wǒmen zuótiān dōu kàn le diànyǐng.
　　　　我们 昨天 都 看 了 电影。

一起 　　Tāmen yìqǐ qù jīchǎng le.
　　　　他们 一起 去 机场 了。

一共 　　Zhèxiē yào yígòng　　yuán.
　　　　这些 药 一共 300 元。

只 　　　Wǒ zhǐ qù guò yícì Běijīng.
　　　　我 只 去 过 一次 北京。

d) Zeit
S. 269

正在 　　Wǒmen zhèngzài kàn diànshì.
　　　　我们 正在 看 电视。

已经 　　Tā yǐjīng dào xuéxiào le.
　　　　他 已经 到 学校 了。

就 　　　Tā xià ge xīngqī jiù huílái le.
　　　　她 下 个 星期 就 回来 了。

先 　　　Wǒ xiān shuō jǐ jù.
　　　　我 先 说 几 句。

才 　　　Tā wǎnshàng　　diǎn cái xiàbān.
　　　　他 晚上 11 点 才 下班。

一直 　　Tā de chéngjì yìzhí hěn hǎo.
　　　　他 的 成绩 一直 很 好。

总是 　　Tā zǒngshì hěn máng.
　　　　她 总是 很 忙。

马上 　　Qǐng ānjìng, jiémù mǎshàng kāishǐ.
　　　　请 安静，节目 马上 开始。

Grammatik-Schnellreferenz

一下   Děng yí xià.
              等 一 下。

一会儿   Tā zuòle yíhuìr.
              他 坐了 一会儿。

S. 271   e) Art und Weise

也   Wǒ yě yǒu yí kuài zhèyàng de shǒubiǎo.
          我 也 有 一 块 这样 的 手表。

还   Tā hái méi qǐchuáng.
          他 还 没 起床。

真   Nǐ de zì xiě de zhēn piàoliang!
          你 的 字 写 得 真 漂亮!

终于   Kǎoshì zhōngyú jiéshù le.
          考试 终于 结束 了。

其实   Zhè dào tí qíshí hěn róngyì.
          这 道 题 其实 很 容易。

当然   Nà yàng zuò dāngrán bù kěyǐ.
          那 样 做 当然 不 可以。

S. 273   f) Folge

再   Huānyíng zài lái!
          欢迎 再 来!

又   Jīntiān tā yòu chídào le.
          今天 他 又 迟到 了。

经常   Zuìjìn tā jīngcháng qù páshān.
          最近 他 经常 去 爬山。

S. 274   5 Konjunktionen

和   wǒ hé nǐ
          我 和 你

因为… 所以…   Yīnwéi xià yǔ suǒyǐ tā méi qù tī zúqiú.
                  因为 下 雨, 所以 他 没 去 踢 足球。

Grammatik-Schnellreferenz

但是	Tā suì le, dànshì shēntǐ hěn hǎo. 他 80 岁 了，但是 身体 很 好。
虽然	Fángzi suīrán jiùle, dànshì hěn gānjìng. 房子 虽然 旧了，但是 很 干净。
而且	Tā huì shuō Hànyǔ, érqiě shuō de hěn hǎo. 她 会 说 汉语，而且 说 得 很 好。
然后	Xiān chīfàn, ránhòu qù kàn diànyǐng. 先 吃饭，然后 去 看 电影。
如果	Rúguǒ dàjiā dōu tóngyì, jiù zhèyàng juédìng le. 如果 大家 都 同意，就 这样 决定 了。
一边	Tā yìbiān shàngwǎng, yìbiān tīng yīnyuè. 他 一边 上网，一边 听 音乐。
或者	Gěi wǒ dǎ diànhuà huòzhě fā diànzǐ yóujiàn dōu kěyǐ. 给 我 打 电话 或者 发 电子 邮件 都 可以。
还是	Wǒmen shì dǎ chē háishì zuò dìtiě? 我们 是 打车 还是 坐 地铁？

6 Präpositionen

S. 276

在	Wǒ péngyou zhù zài Běijīng. 我 朋友 住 在 北京。
从	Tā cóng Zhōngguó huílái le. 她 从 中国 回来 了。
对	Tā duì wǒ hěn hǎo. 他 对 我 很 好。
比	Wǒ bǐ tā gāo. 我 比 他 高。
向	Xiàng zuǒ zǒu. 向 左 走。
离	Xuéxiào lí wǒ jiā hěn jìn. 学校 离 我 家 很 近。
跟	Nǐ gēn wǒmen yìqǐ qù ba. 你 跟 我们 一起 去 吧。

Grammatik-Schnellreferenz

为		Bú yào wèi wǒ dānxīn. 不要为我担心。
为了	Wèile jiějué huánjìng wèntí,	rénmen xiǎngle hěnduō bànfǎ. 为了解决环境问题，人们想了很多办法。
除了		Chúle huàhuà'er, tā hái xǐhuan tiàowǔ. 除了画画儿，她还喜欢跳舞。
把		Qǐng bǎ kōngtiáo dǎkāi. 请把空调打开。
被		Yú bèi xiǎomāo chīle. 鱼被小猫吃了。
关于		Guānyú zhè duàn lìshǐ, wǒ zhīdào de hěn shǎo. 关于这段历史，我知道得很少。

S. 279   7 Hilfsverben

会	Wǒ huì zuò fàn. 我会做饭。
能	Nǐ shénme shíhou néng lái? 你什么时候能来？
可以	Xiànzài nǐ kěyǐ zǒu le. 现在你可以走了。
要	Wǒ yào xué yóuyǒng. 我要学游泳。
可能	Míngtiān kěnéng xià yǔ. 明天可能下雨。
应该	Wǒmen yīnggāi zài zhōumò kāi ge huì. 我们应该在周末开个会。
愿意	Nǐ yuànyì hé wǒ jiéhūn ma? 你愿意和我结婚吗？
敢	Nǐ gǎn qí mǎ ma? 你敢骑马吗？

8 Hilfswörter

的	wǒ de píngguǒ 我 的 苹果
的 (Kurzform)	Shū shì gēge de. 书 是 哥哥 的。
	Nàge bēizi shì wǒ de. 那个 杯子 是 我 的。
	Zhè jiàn yīfu shì zuì piányi de. 这 件 衣服 是 最 便宜 的。
	Wǒ mǎile yìxiē chī de. 我 买了 一些 吃 的。
	Nàbiān dǎ diànhuà de shì wǒ zhàngfu. 那边 打 电话 的 是 我 丈夫。
得	Nǐ zuò de duì. 你 做 得 对。
地	Tā gāoxìng de xiàole. 她 高兴 地 笑了。
了	Tā qù xuéxiào le. 她 去 学校 了。
	Wǒ mǎile yì běn shū. 我 买了 一 本 书。
吗	Nǐ bàba shì lǎoshī ma? 你 爸爸 是 老师 吗?
呢	Nǐ zài nǎr ne? 你 在 哪儿 呢?
吧	Xiànzài kuài 10 diǎn le ba? 现在 快 10 点 了 吧?
着	Tā xiàozhe shuō: "Míngtiān jiàn." 她 笑着 说: " 明天 见 。"
过	Wǒ xuéguo Hànyǔ. 我 学过 汉语。

Grammatik-Schnellreferenz

9 Ausrufswörter
S. 294

喂   Wéi, nǐ hǎo.
喂，你好。

啊   Zhēn piàoliang a!
真 漂亮 啊！

10 Verbverdopplungen
S. 286

Nǐ qù wènwen tā.
你 去 问问 他。

Ràng wǒ xiǎngyixiǎng.
让 我 想一想。

11 Aussagesätze

a) Positive Aussagesätze
S. 287

是   Tā shì wǒ de tóngxué.
她 是 我 的 同学。

有   Yìnián yǒu ge yuè.
一年 有 12 个 月。

Verb als Prädikat   Wǒ rènshi nàge yīshēng.
我 认识 那个 医生。

Substantiv als Prädikat   Jīntiān xīngqīwǔ.
今天 星期五。

Adjektiv als Prädikat   Tiānqì hěn rè.
天气 很 热。

Jīntiān bǐ zuótiān lěng.
今天 比 昨天 冷。

b) Verneinungen
S. 264

不   Xiǎomāo bú zài zhuōzi xià.
小猫 不 在 桌子 下。

没   Tāmen zuótiān méi qù mǎi yīfu.
她们 昨天 没 去 买 衣服。

别   Nǐ bié wàngle dài hùzhào.
你别忘了带护照。

12 Fragesätze

a) Fragepartikel

吗   Zhè shì lǎoshī de bēizi ma?
这是老师的杯子吗?

呢   Wǒmen qù kàn diànyǐng, nǐ ne?
我们去看电影,你呢?

吧   Nǐ shì Zhōngguórén ba?
你是中国人吧?

b) Fragewörter

谁   Shéi huì xiě zhège zì?
谁会写这个字?

哪   Nàxiē bēizi, nǐ xǐhuan nǎ yí ge?
那些杯子,你喜欢哪一个?

哪儿   Tā zuò chūzūchē qù nǎr?
她坐出租车去哪儿?

什么   Nǐ xiǎng hē shénme chá?
你想喝什么茶?

多少   Nǐmen xuéxiào yǒu duōshao xuésheng?
你们学校有多少学生?

几   Nǐ de érzi jǐ suì le?
你的儿子几岁了?

怎么   Wǒ zěnme chī zhège shuǐguǒ?
我怎么吃这个水果?

怎么样   Zhè běn Hànyǔ shū zěnmeyàng?
这本汉语书怎么样?

为什么   Tā wèi shénme méi lái?
他为什么没来?

Grammatik-Schnellreferenz

多   Cóng zhèr dào nàr duō yuǎn?
                   从这儿到那儿多远？

S. 288   **c) Positiv-Negativ-Kopplungen**

...不...   Nǐ hēbuhē chá?
              你喝不喝茶？

没有   Nǐ juédìngle méiyǒu?
            你决定了没有？

S. 288   **d) Fragephrasen**

好吗   Wǒmen yìqǐ qù, hǎo ma?
            我们一起去，好吗？

对吗   Nín yào liǎng zhāng piào, duì ma?
            您要两张票，对吗？

可以吗   Zhōngwǔ chī miàntiáo'r, kěyǐ ma?
            中午吃面条儿，可以吗？

S. 293   ## 13 Aufforderungen

请   Qǐng zuò.
            请坐。

别   Bié shuōhuà.
            别说话。

不要   Búyào chī tài duō.
            不要吃太多。

S. 294   ## 14 Ausrufesätze

太   Tài hǎo le!
            太好了！

真   Zhēn hǎochī!
            真好吃！

多么（多）   Tā pǎo de duō kuài a!
            他跑得多快啊！

Grammatik-Schnellreferenz

极了   Hǎo jí le! 好极了!

15 Vergleiche

S. 295

比   Jīntiān bǐ zuótiān lěng. 今天比昨天冷。

和... 一样   Tā hé wǒ yíyàng gāo. 他和我一样高。

没有... 那么（这么）   Shànghǎi méiyǒu Běijīng nàme lěng. 上海没有北京那么冷。

16 Betonte Vergangenheit

S. 296

Zeit betont   Bàba shì zuótiān qù Zhōngguó de. 爸爸是昨天去中国的。

Ort betont   Píngguǒ shì zài huǒchēzhàn mǎi de. 苹果是在火车站买的。

Art und Weise betont   Tā shì zuò chūzūchē lái de. 他是坐出租车来的。

17 Zeitformen und durative Beschreibung

S. 298

在...呢   Tāmen zài chīfàn ne. 他们在吃饭呢。

正在   Tāmen zhèngzài dǎ lánqiú. 他们正在打篮球。

了   Tā mǎile yì jīn píngguǒ. 他买了一斤苹果。

过   Wǒ kànguo zhège diànyǐng. 我看过这个电影。

要...了   Huǒchē yào kāi le. 火车要开了。

着   Wàimiàn xiàzhe yǔ. 外面下着雨。

听力，第一部分

Hörverständnis 1

Die Aufgaben des Hörverständnisses 1 prüfen ab, ob kurze Dialoge richtig verstanden werden. Jede Aufgabe besteht aus sechs Bildern, zu denen der Prüfling sechs Dialoge jeweils zweimal hört. Nach jedem Dialog muss sich der Prüfling entscheiden, welches der Bilder zum soeben gehörten Dialog passt.

Hier ein Beispiel:

Der Prüfling hört:

女： 你儿子现在在哪儿？
男： 他在学校。

Die Lösung ist: A

A

B

C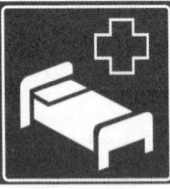

D

E

F

Hörverständnis 1

Übung H1-01

A 
B 
C 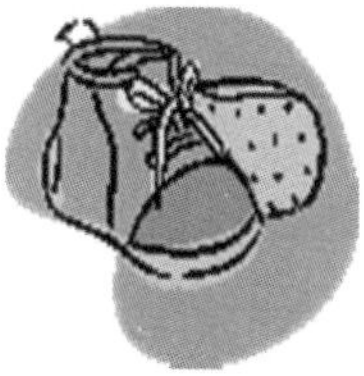
D 
E 
F

1. ☐
2. ☐
3. ☐
4. ☐
5. ☐
6. ☐

答案：1D, 2F, 3E, 4B, 5A, 6C

Hörverständnis 1

Übung H1-02

A

B

C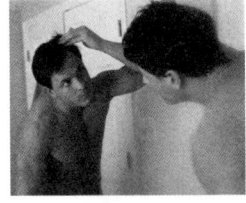

D

E

F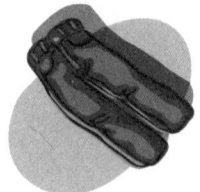

1. ☐
2. ☐
3. ☐
4. ☐
5. ☐
6. ☐

答案：1E, 2C, 3B, 4D, 5A, 6F

Hörverständnis 1

Übung H1-03

A 
B 
C 
D 
E 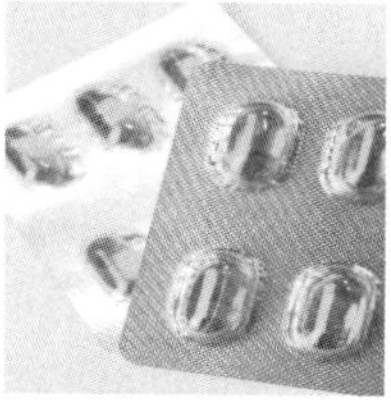
F

1. ☐
2. ☐
3. ☐
4. ☐
5. ☐
6. ☐

答案：1F, 2B, 3C, 4E, 5D, 6A

Hörverständnis 1

Übung H1-04

A

B

C

D

E

F

1. ☐
2. ☐
3. ☐
4. ☐
5. ☐
6. ☐

答案：1D, 2F, 3E, 4C, 5A, 6B

Hörverständnis 1

Übung H1-05

A 
B

C 
D

E 
F

1. ☐
2. ☐
3. ☐
4. ☐
5. ☐
6. ☐

答案：1C, 2E, 3F, 4B, 5D, 6A

Hörverständnis 1

Übung H1-06

A    B

C    D

E    F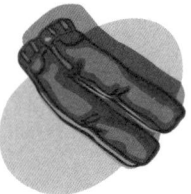

1. ☐
2. ☐
3. ☐
4. ☐
5. ☐
6. ☐

答案：1A, 2B, 3F, 4E, 5C, 6D

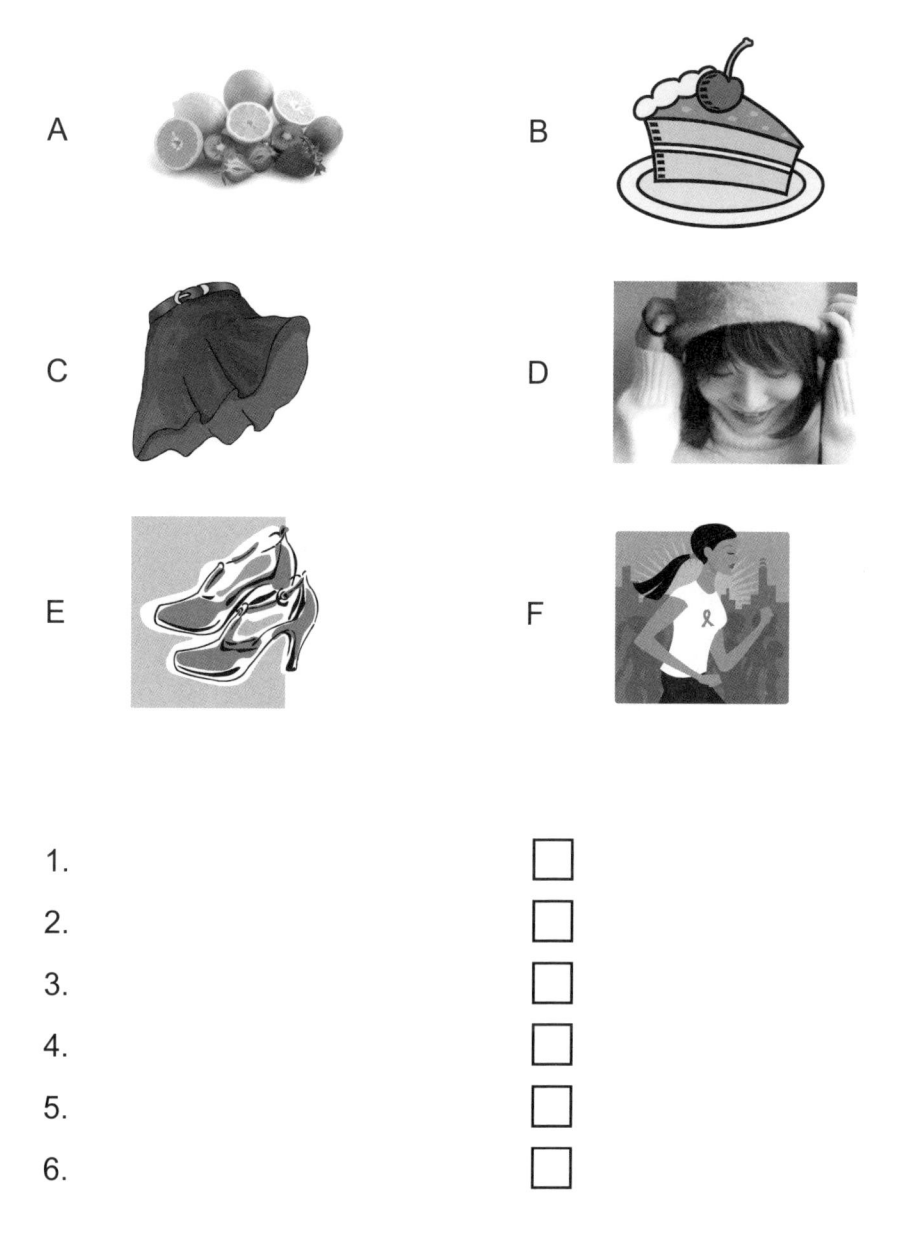

Hörverständnis 1

Übung H1-07

A

B

C

D

E

F

1. ☐
2. ☐
3. ☐
4. ☐
5. ☐
6. ☐

答案：1F, 2D, 3E, 4B, 5A, 6C

Hörverständnis 1

Übung H1-08

A

B

C

D

E

F

1. ☐
2. ☐
3. ☐
4. ☐
5. ☐
6. ☐

答案：1B, 2E, 3A, 4D, 5F, 6C

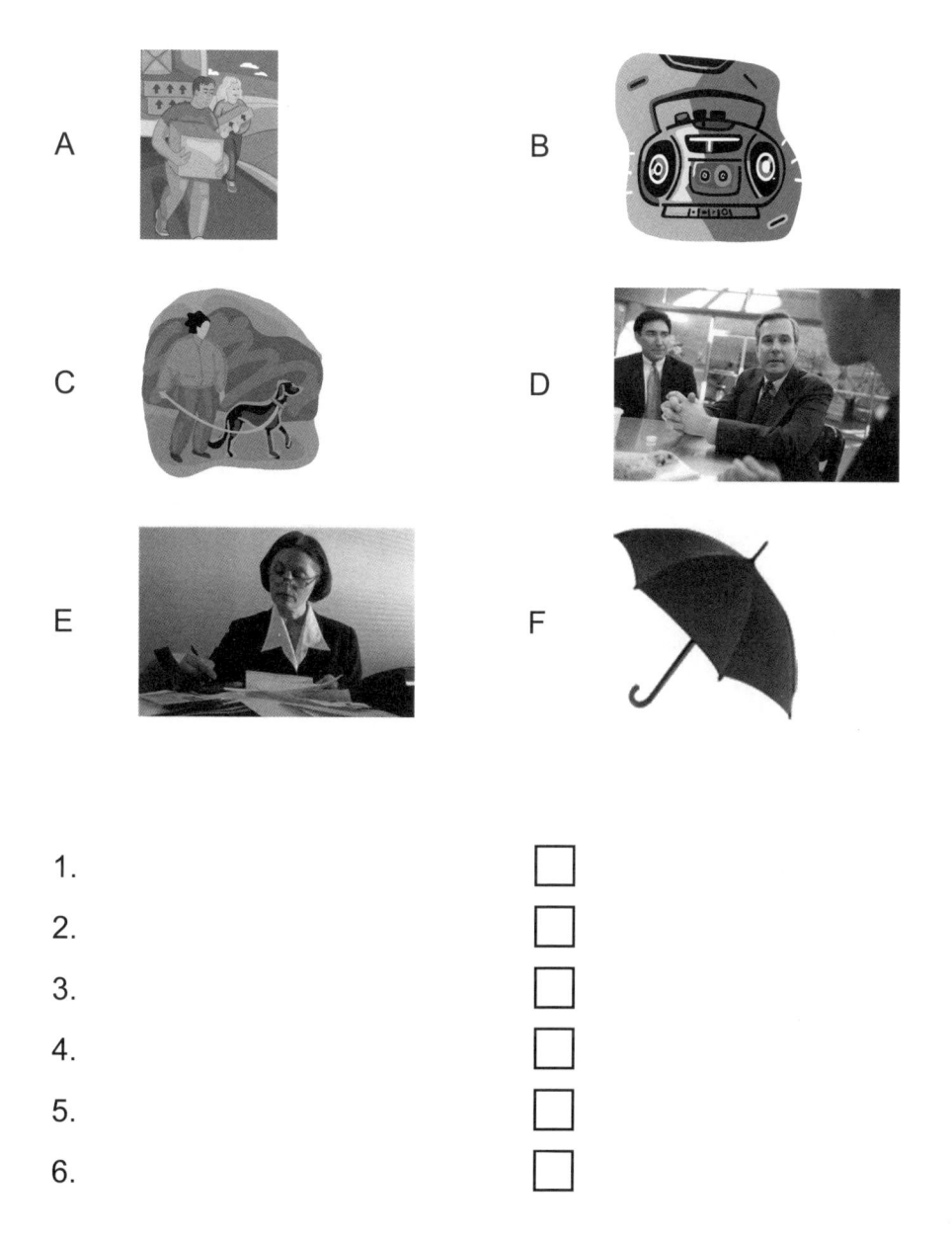

Hörverständnis 1

Übung H1-09

A

B

C

D

E

F

1. ☐
2. ☐
3. ☐
4. ☐
5. ☐
6. ☐

答案：1D, 2C, 3F, 4E, 5B, 6A

Hörverständnis 1

Übung H1-10

A

B

C

D

E

F

1. ☐
2. ☐
3. ☐
4. ☐
5. ☐
6. ☐

答案：1C, 2D, 3B, 4E, 5A, 6F

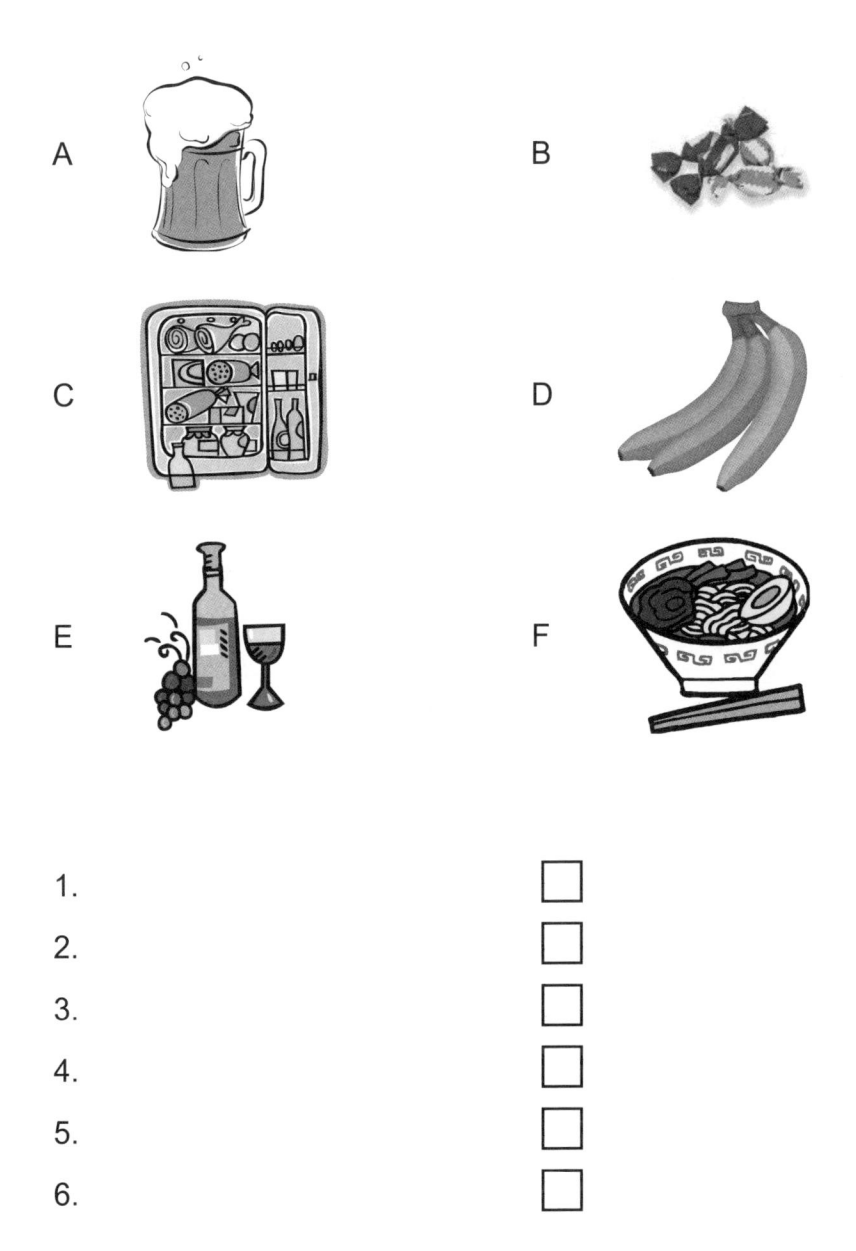

Hörverständnis 1

Übung H1-11

A

B

C

D

E

F

1. ☐
2. ☐
3. ☐
4. ☐
5. ☐
6. ☐

答案：1F, 2C, 3A, 4B, 5E, 6D

Hörverständnis 1

Übung H1-12

A

B

C

D

E

F

1. ☐
2. ☐
3. ☐
4. ☐
5. ☐
6. ☐

答案：1C, 2D, 3F, 4E, 5B, 6A

Hörverständnis 1

Übung H1-13

A

B

C

D

E

F

1. ☐
2. ☐
3. ☐
4. ☐
5. ☐
6. ☐

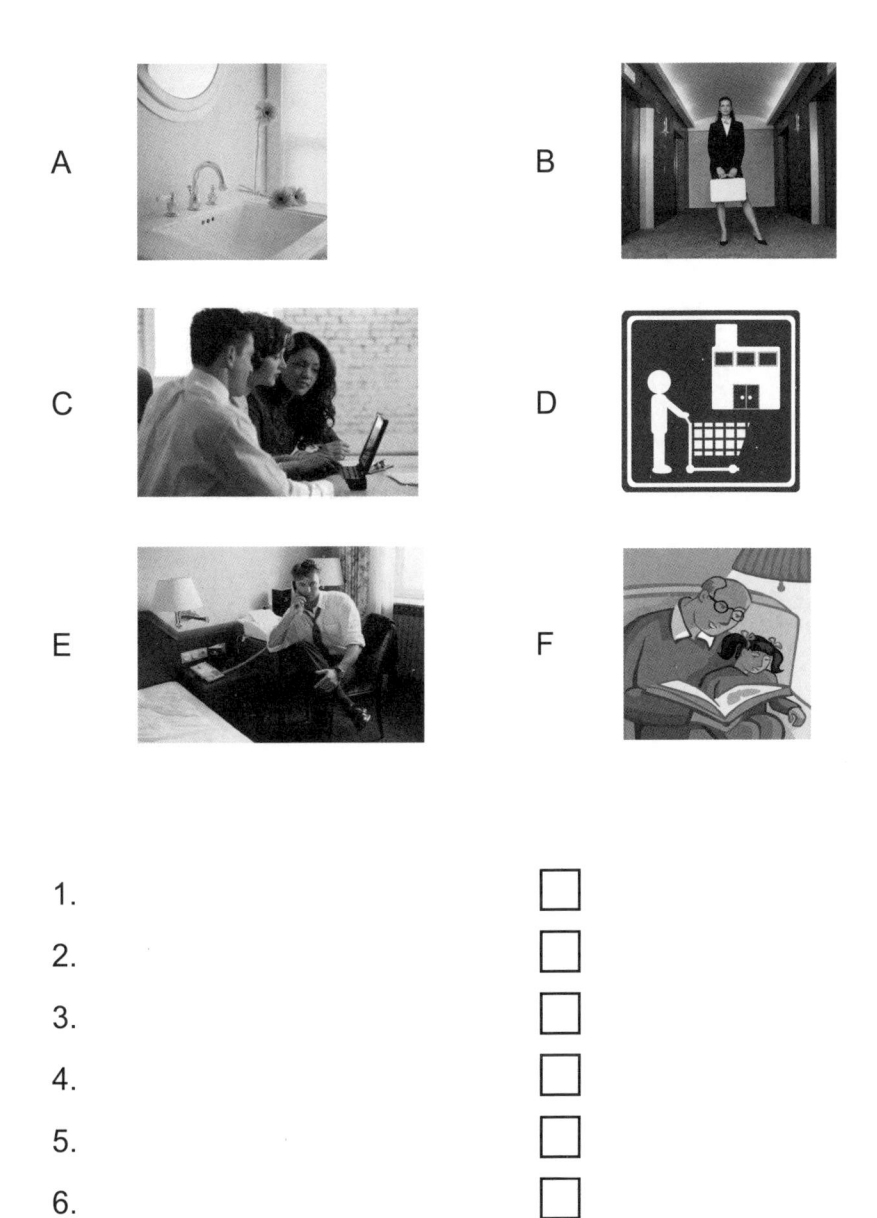

答案：1A, 2B, 3E, 4C, 5D, 6F

Hörverständnis 1

Übung H1-14

A

B

C

D

E

F

1. ☐
2. ☐
3. ☐
4. ☐
5. ☐
6. ☐

答案：1F, 2A, 3D, 4E, 5C, 6B

Hörverständnis 1

Übung H1-15

A

B

C

D

E

F

1. ☐
2. ☐
3. ☐
4. ☐
5. ☐
6. ☐

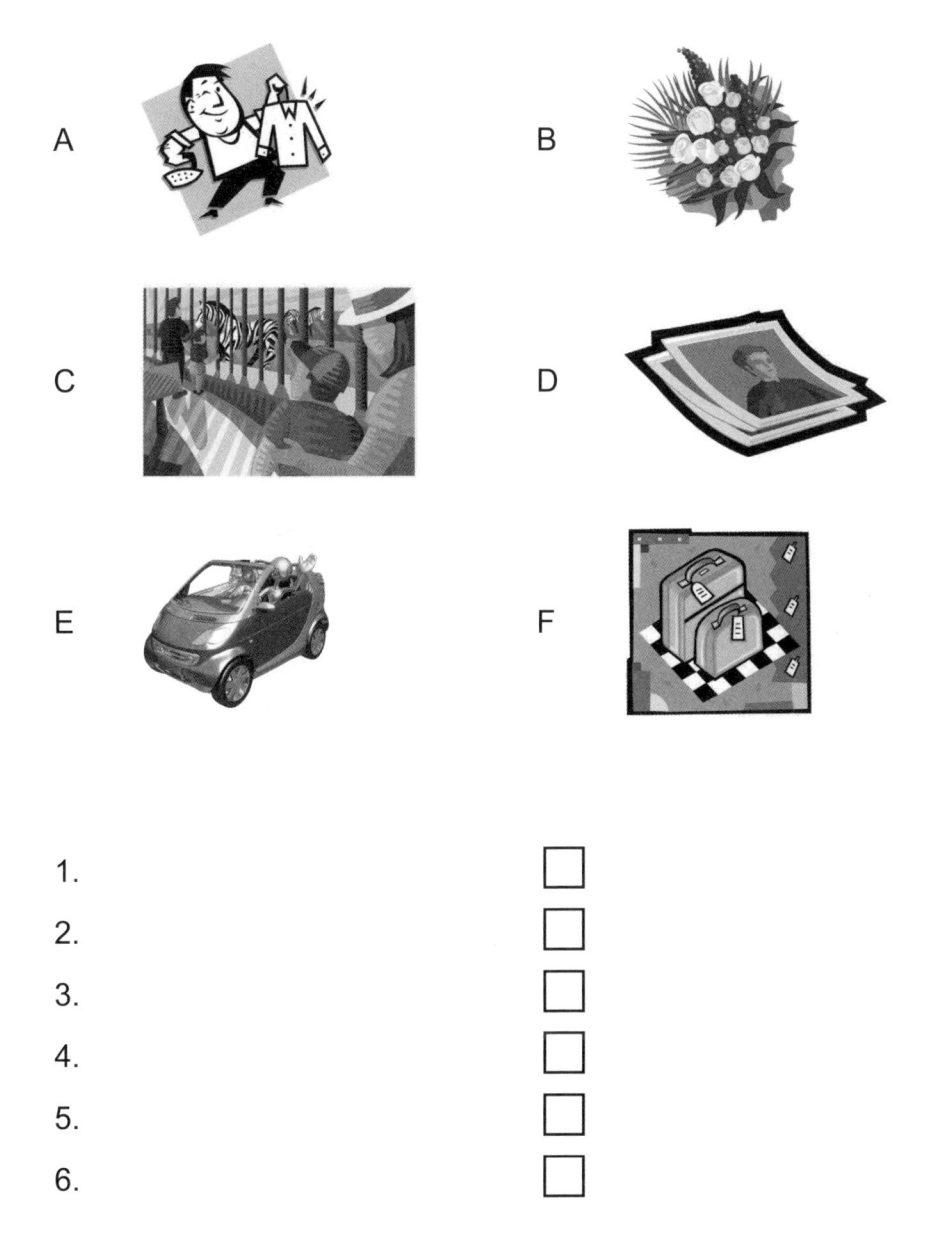

答案：1A, 2B, 3F, 4E, 5C, 6D

Hörverständnis 1

Übung H1-16

A  B

C  D

E  F

1. ☐
2. ☐
3. ☐
4. ☐
5. ☐
6. ☐

答案：1E, 2B, 3A, 4F, 5C, 6D

Hörverständnis 1

Übung H1-17

A   B

C   D

E   F

1. ☐
2. ☐
3. ☐
4. ☐
5. ☐
6. ☐

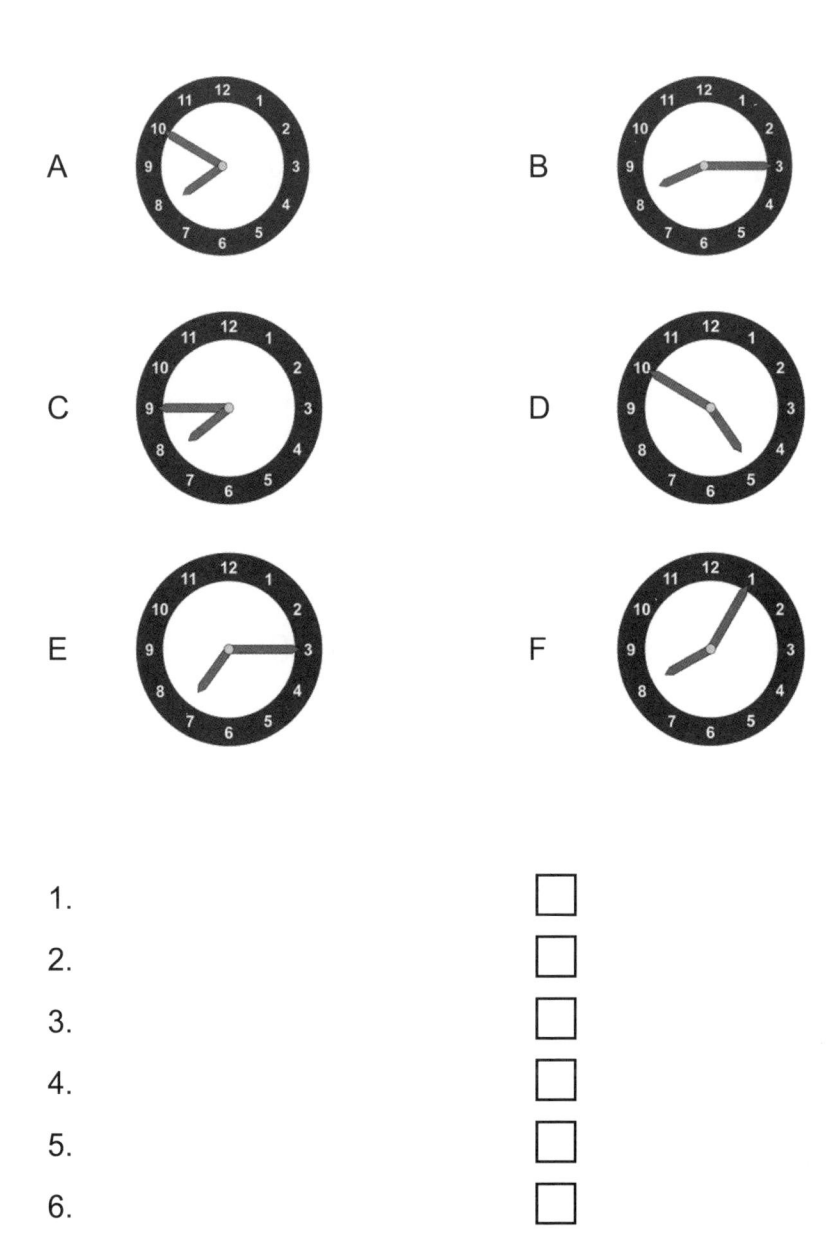

答案：1C, 2B, 3D, 4A, 5F, 6E

Hörverständnis 1

Übung H1-18

A	250,000	B	4,000 - 5,000
C	3,800	D	3,000 - 4,000
E	> 800	F	100,000 - 190,000

1. ☐
2. ☐
3. ☐
4. ☐
5. ☐
6. ☐

答案：1A, 2F, 3E, 4C, 5B, 6D

Hörverständnis 1

Übung H1-19

A   10 x 1,000   B   9月12日

C   27 - 28   D   1.

E   3   F   1月29日

1. ☐
2. ☐
3. ☐
4. ☐
5. ☐
6. ☐

答案：1F, 2B, 3D, 4A, 5C, 6E

Hörverständnis 1

Übung H1-20

A	3,80 ¥	B	305,78 ¥
C	3,82 ¥	D	370,00 ¥
E	4,52 ¥	F	2,58 ¥

1. ☐
2. ☐
3. ☐
4. ☐
5. ☐
6. ☐

答案：1B, 2A, 3C, 4F, 5E, 6D

Hörverständnis 1

Lösung H1-01

1. 男：这里的洗手间人真多。我还是等进了公园，再说吧。
   女：你在这里等我一会儿。我必须去了。

2. 男：电影开始的时候人很多。结束的时候几乎快没有人了。
   女：电影一定不好看。

3. 男：我的老师人很好，上课很认真，也认真地检查作业。
   女：你遇到了一位好老师。你要好好学习啊！

4. 男：你哪里不舒服？
   女：我牙疼。

5. 男：今天又不下雨。你带伞干什么？
   女：不是说下午会变天吗？

6. 男：我的同事生了孩子，我准备买一些礼物表示一下。
   女：他们可能需要一些给孩子穿的东西，象小鞋子什么的。

Lösung H1-02

1. 男：从小要有一个好习惯，自己的事自己做。
   女：可是，他们都还不到两岁呢，怎么会自己穿鞋子呢？

2. 男：我的头发又长了。
   女：冬天头发长一点儿，没关系。

3. 男：下次你来，别忘了带护照。
   女：记住了！

4. 男：你明天经过面包店的时候，能不能给我带一块面包来？
   女：没问题，是那种又大又黑的吗？

51

5. 男：我看，三点一刻他们到不了。现在都三点了。
   女：我看也是。

6. 男：这条裤子怎么这么长？
   女：别问了，真气人。我买错了。

Lösung H1-03

1. 男：如果你想使它更甜一些，可以多放一些糖和奶。
   女：那样，会不会太甜了？

2. 男：我的两块蛋糕怎么只有一块了？
   女：我不知道。我没吃。

3. 男：为了提高自己的文化水平，她每天晚上都去学校学习。
   女：真不容易啊！工作了一天，晚上也不休息。

4. 男：不要忘了叫爷爷吃药。
   女：不会的。

5. 男：音乐对我们的影响很大。
   女：你说得很对。所以，我特别喜欢听音乐。

6. 男：动物怎么过冬呢？
   女：有的吃很多，有的只睡觉。方法不一样。

Lösung H1-04

1. 男：你还是再去买一件新大衣吧！
   女：不用了。这件虽然旧了，可是，是我十八岁时妈妈送给我的。我特别喜欢。

2. 男：你的铅笔太短了。爸爸给你买新的吧！
   女：还能写。用完再说。

Hörverständnis 1

3. 女：饭后吃一盘葡萄，对身体很好。
   男：谢谢阿姨了！

4. 女：年轻人别难过。以后的路还长着呢！
   男：女朋友离开了我。怎么能不难过呢？

5. 男：你觉得昨天三年级二班的表演怎么样？
   女：我觉得一般。没有一班的好。

6. 男：这种事别记在心上。
   女：可是，他怎么能说这种话呢？太让人生气了！

Lösung H1-05

1. 男：你帮我把信发了吗？
   女：对不起，我又忘了。我明天一定记住发。

2. 女：别站着吃啊！快坐下来！
   男：谢谢阿姨！不用了，我吃了就走。

3. 男：今天的月亮真漂亮啊！又大又圆，象太阳一样。
   女：怎么会呢？月亮就是月亮，太阳就是太阳。

4. 男：不听话的孩子会怎么样呢？耳朵会变长。
   女：不对。是鼻子会变长。

5. 男：我的游戏机怎么找不到了？
   女：你今天去朋友家了。是不是忘带回来了？

6. 男：祝你生日快乐！
   女：你怎么知道今天是我的生日？

Hörverständnis 1

Lösung H1-06

1. 男：空调坏了。办公室真热！
   女：经理，我们多喝一点儿冰东西吧！

2. 女：张司机回来了吗？
   男：还没有。他送人去机场了。可能还要去别的地方接人。

3. 男：你对我给你买的裤子满意吗？
   女：就是有一点儿长，颜色我很喜欢。

4. 男：你会骑自行车吗？
   女：还不会呢！你有时间，教教我吧！

5. 男：阿姨，您的钱包忘在椅子上了！
   女：谢谢你！好孩子！

6. 男：你昨天看了电视新闻吗？
   女：没有，出什么事了？

Lösung H1-07

1. 男：你跑步穿这条裤子，热不热？
   女：还行。穿昨天买的那条会更好一些。

2. 男：你的帽子你不觉得大了一点儿吗？
   女：没有啊！我觉得很好的。

3. 男：这两双鞋子你喜欢哪一双？
   女：右边那双红色的。穿着又舒服又漂亮。

4. 男：请问，蛋糕怎么卖？
   女：水果蛋糕吗？五块六一块。

5. 男：小李和他的女朋友来了吗？
   女：来过了。他们送了一些水果，坐了一会儿，就走了。

6. 男：你买这条裙子花了多少钱？要一百块吗？
   女：没那么多，只要七十五块。

Lösung H1-08

1. 男：你的头发又长又黑，真漂亮。
   女：是吗？我姐姐的头发比我的还长呢！

2. 男：你把我的报纸放哪儿了？
   女：放到你房间的书桌上了。

3. 男：好久不见，你瘦了！
   女：没错。上个月生了一场大病，在医院住了一个星期呢。

4. 男：我怎么找不到我的帽子了？你看见了吗？
   女：你是不是把它给忘到车上了？

5. 男：不要给他打电话了！他一定不会在家的。
   女：孩子都走了一个星期，也不来个信。怎么能不着急呢！？

6. 男：这不是我们的信。这是新搬来的邻居的。
   女：明天，我有空。我去把信给她吧。

Lösung H1-09

1. 男：我明天要参加一个会议，但是，我忘了什么时候开始了。
   女：听你说过，是早上八点一刻。

2. 男：妈妈，你应该多锻炼身体。这样你就不会太胖，也更健康。
   女：你说得对。我以后经常去公园跑一下步，或者走走。

Hörverständnis 1

3. 男：对不起，请问，这里哪里有卖伞的？
   女：有！你再向前走两百米就是一家很大的超市。

4. 男：昨晚的表演很好看。你怎么没有来呢？
   女：太忙了！我昨晚在办公室终于把新闻写完了。

5. 男：你总是一边听音乐，一边看书。你记住你看的东西了吗？
   女：当然记不住了。还是把音乐关了吧！

6. 女：你昨天做了什么？这么累。
   男：我先去商店买了几件衬衫，然后去朋友家帮她搬了家。

Lösung H1-10

1. 女：你看我这个冬天是不是又胖了一些？
   男：没有。我觉得还像以前一样。

2. 男：去中国什么季节最好？夏天吗？
   女：夏天有的地方太热。秋天最好，我觉得。

3. 男：北京的春天怎么样？
   女：有的时候不错，有时候经常刮大风。

4. 男：刮风的时候，骑自行车要小心啊！
   女：放心吧！我今天不骑车去上班。我的车坏了！我坐地铁去。

5. 男：我听说你们这个周末去爬山了！怎么样？玩得高兴吗？
   女：很高兴。山上很漂亮。山下那个小地方的环境也特别好。

6. 女：今天的天真好！公园里的人真多啊！
   男：当然了。今天是十一[*]。

[*] Allgemein übliche Kurzform für den Nationalfeiertag „十月一日"

Hörverständnis 1

Lösung H1-11

1. 女：明天早上我们吃面包还是吃面条？
   男：早上我不爱吃甜的。我们还是吃面条吧！

2. 女：冰箱里还有什么菜？如果没有了，我就必须去超市买菜了。
   男：还有很多呢！羊肉、鸡蛋、牛奶。

3. 女：看完电影，都有一点儿渴了。我们喝一点儿绿茶，好吗？
   男：天这么热。我们还是喝啤酒吧！

4. 女：你怎么又吃糖了？牙都吃坏了。是谁给你的？
   男：是邻居小妹的叔叔给的。

5. 女：你下个月结婚的时候，想请大家喝什么？
   男：喝葡萄酒，怎么样？

6. 女：你想好了吗？想买香蕉，还是买葡萄？
   男：别着急。我慢慢看一看。香蕉很新鲜，还是买它吧！

Lösung H1-12

1. 女：我从图书馆借来的书谁拿走了？
   男：你还要看啊？我以为你看完了，昨天就把它给还了。

2. 女：你看看这个厨房才叫漂亮呢。放东西多方便啊！
   男：你如果每天有时间打扫，那就买吧！贵一点儿，没关系。

3. 女：银行的人真不热情。问一句，答一句。
   男：你是去找他们借钱的吧？

4. 女：我的同事要去最北方的一个城市工作。
   男：我去过那个地方。那儿很冷，几乎没有夏天。

Hörverständnis 1

5. 女：虽然快到冬天了，可是，天好的时候，还是有人到公园里坐一坐。
   男：那里的空气新鲜一些，比在家里安静，看得也还远。

6. 女：这个国家的人们真爱干净。你看他们把自己家的花园打扫得多干净，多漂亮啊！
   男：是啊！走在街上，就像走在一个大花园里一样。

Lösung H1-13

1. 女：这个房间我哪里都很满意，就是觉得洗手间有一点儿小。
   男：别忘了。洗澡的地方不在里面。我觉得很好。

2. 女：你的办公室在几楼啊？我记不住了。我现在在三楼的电梯口。
   男：你就在那里等一下。我马上下来接你。

3. 男：请问，宾馆上网要不要多给钱？
   女：从今年开始不要。

4. 女：公司里一般是可以上网的。但是，经常看自己的电子邮件，上网看新闻，这些事最好还是不要做。
   男：谢谢你！我们记住了。

5. 女：昨天你是在哪里遇到我们公司新来的同事的？
   男：在超市附近。

6. 女：你知道我们楼下的那个老爷爷搬到哪里去了吗？
   男：前几天，听他说，他要去南方和他儿子一起住。

Lösung H1-14

1. 女：这是什么声音？
   男：像是一个小孩在哭的声音。

Hörverständnis 1

2. 女：好久不见了。你应该已经上三年级了吧！？
   男：是的。阿姨，我是三年级二班的学生。

3. 女：谁把奶奶的眼镜拿走了？
   男：奶奶，你不用找了。在这里。

4. 女：这个机会很难得。你还是和你的经理说一说，你要求去那个地方工作。
   男：那个城市有什么好的，一条河都没有。我离不开河。

5. 女：今天的会议比上个星期重要多了。
   男：当然了。你没看见吗？除了我们学校的校长，别的学校的校长也都来了。

6. 女：叔叔，让我来帮你开门吧！
   男：太谢谢了！

Lösung H1-15

1. 女：你打扫一下你自己的房间吧！把你穿过的衬衫都放到门后去。
   男：好吧。

2. 女：你手里拿着什么东西！？
   男：送给你的花。希望你喜欢。

3. 女：我一直在找我的行李箱。我记得已经放在电梯口了啊。
   男：你的行李箱已经被司机拿到楼下了。

4. 女：世界上的事情变化真快。我现在终于有我自己的汽车了。
   男：这不正是你希望的吗？

5. 女：你最近打算去这附近的动物园看一看吗？
   男：可以啊。如果去的话，就坐地铁去。又快又方便。

6. 女：你把你照相机里的照片洗出来，可以吗？
   男：好的。里面还有爷爷站在我们中间的那一张呢！

Lösung H1-16

1. 女：孩子的奶奶在做什么呢？
   男：她正在屋里给孩子讲故事呢。

2. 女：我昨天晚上给你打电话，你怎么没有接？
   男：我可能在洗澡，没有听到电话。

3. 女：这个孩子真聪明，知道吃了饭，帮妈妈洗碗。
   男：她从小就喜欢玩水，长大了就帮妈妈洗碗。

4. 女：服务员，请给我们拿一双筷子，一个盘子。
   男：没问题。

5. 女：你需要看一下什么东西？
   男：除了黄色的帽子，你们有没有咖啡色的？

6. 女：这只猫真可爱。如果是白色的就好了。我不喜欢这个颜色的。
   男：没办法，没有别的了！

Lösung H1-17

1. 女：现在几点钟了？
   男：差一刻八点。

2. 女：对不起，我来晚了。在路上，看到有好吃的蛋糕，就给你买了。
   男：谢谢你！现在才八点一刻。我们还有时间。

Hörverständnis 1

3. 男：现在才五点不到。你怎么就开始做晚饭了呢？
   女：今天来的人多。早准备比较好。

4. 女：还不快一点儿，快八点了！
   男：着什么急啊，才八点差十分。

5. 女：火车八点零五分开车。我们的车票买了吗？
   男：别担心。早买了。

6. 女：昨天晚上七点一刻，你在家做什么？
   男：我在家看电视。我每天晚上都看新闻。

Lösung H1-18

1. 女：你买的新车要多少钱？要三十五万吧？
   男：没那么多。只要二十五万。

2. 女：你想先买车，还是先买房？
   男：不买新车，只要十几万就行。买车便宜一些。没那么多钱买房。

3. 女：今天来参加会议的人真多啊！
   男：是啊，比去年多多了，有八百多人呢。

4. 女：新手机吧？贵不贵？要三千多吗？
   男：很对！要三千八，快四千了。

5. 女：快要结婚了，要买的东西真多。
   男：我和妈妈说好了。送给你们冰箱，怎么样？双开门的，四千多，喜不喜欢？

6. 女：你们公司真大。有多少人？
   男：有三四千吧！

Hörverständnis 1

Lösung H1-19

1. 女：今年的春节是哪天？
   男：一月二十九号。比去年早几天。

2. 女：孩子九月十二号的生日，你别忘了啊。
   男：不会的。

3. 女：真为你高兴，你儿子数学比赛又拿了第一名。
   男：我要马上告诉他爷爷去。

4. 女：汉语中的"万"字好难学。
   男：很容易，不就是十个千吗？

5. 女：你女朋友今年多大了？
   男：二十七八了。

6. 女：这种蛋糕真好吃，有三层呢。
   男：没见过吧？！

Lösung H1-20

1. 女：这些药一共花了三百零五块七角八分。
   男：你是在哪里买的？

2. 女：一斤葡萄多少钱？
   男：三块八角五一斤。买得多，可以三块八一斤，怎么样？

3. 女：红糖三块八角二一斤。
   男：能不能便宜一点儿啊？

4. 女：长条面包怎么卖？
   男：一个两块五角八。

5. 女：今天的香蕉比昨天的便宜。我们买一点儿吧。
   男：四块五角二一公斤不贵。我们买一些。

6. 女：听一场音乐会真贵，要三百七十块。
   男：两张票会不会便宜一点儿呢？

Hörverständnis 2

Die Aufgaben des Hörverständnisses 2 setzen sich aus einem kurzen mündlichen Text und einer schriftlichen Aussage zum Text zusammen. Der Prüfling muss beurteilen, ob die schriftliche Aussage zum mündlichen Text passt oder nicht. In der HSK-Prüfung bilden jeweils 10 mündliche Texte und schriftliche Aussagen einen Block.

Hier ein Beispiel mit zwei Texten und Aussagen:

1. 现在是 11 点 30 分，他们已经游了 20 分钟了。

    ★ 他们 11 点 10 分开始游泳。 (✓)

2. 我今天先去了银行，然后去了机场。

    ★ 她去了火车站。 (✗)

Hörverständnis 2

Übung H2-01

1. ★ 他们这里的夏天不热。 ( )
2. ★ 他们晚上九点就能到。 ( )
3. ★ 上网使我们了解更多的事。 ( )
4. ★ 多吃水果对身体好。 ( )
5. ★ 我今天去看了医生。 ( )
6. ★ 妈妈生气是因为我学习数学不认真。 ( )
7. ★ 奶奶昨天感冒了。 ( )
8. ★ 房间里放一杯水是为了方便我们喝水。 ( )
9. ★ 我今天帮朋友搬了家。 ( )
10. ★ 同事在家练习使用筷子。 ( )
11. ★ 我在动物园没有看见大熊猫。 ( )
12. ★ 我为没有完成作业着急。 ( )

答案：1✗, 2✗, 3✓, 4✓, 5✗, 6✓, 7✗, 8✗, 9✓, 10✗, 11✗, 12✓

Hörverständnis 2

Übung H2-02

1. ★ 这里的树都很矮。 ( )

2. ★ 我把衬衫忘记在同事家了。 ( )

3. ★ 感冒使人不舒服。 ( )

4. ★ 可能因为对昨天的会议不满意，经理生气了。 ( )

5. ★ 国家会议在昨天举行了。 ( )

6. ★ 我发现刮风了。 ( )

7. ★ 我很担心你的学习成绩。 ( )

8. ★ 小明每天晚上睡觉之前都刷牙。 ( )

9. ★ 我家附近的那家宾馆很好。 ( )

10. ★ 张阿姨上班更方便了。 ( )

11. ★ 孩子妈妈不放心他，是因为孩子太爱表演了。 ( )

12. ★ 比赛已经结束了。 ( )

答案：1✗, 2✓, 3✓, 4✓, 5✓, 6✗, 7✓, 8✓, 9✓, 10✓, 11✗, 12✗

Hörverständnis 2

Übung H2-03

1. ★ 我不同意你跟他结婚。 ( )
2. ★ 我以前不认识你。 ( )
3. ★ 我做完数学作业，就休息了一会儿。 ( )
4. ★ 我觉得多吃水果不会长胖。 ( )
5. ★ 我在办公室休息了一会儿。 ( )
6. ★ 因为不明白几个词语和句子，我不会做作业。 ( )
7. ★ 我记得黑板上写过这条新闻。 ( )
8. ★ 爷爷坚持锻炼身体已经三年了。 ( )
9. ★ 我们和奶奶一起祝妈妈生日快乐。 ( )
10. ★ 小亮是一个好学生，对人好、学习好、体育也好。 ( )
11. ★ 很多同事都感冒了。 ( )
12. ★ 我去超市买东西特别方便。 ( )

答案：1✓, 2✗, 3✓, 4✓, 5✗, 6✓, 7✓, 8✓, 9✗, 10✓, 11✓, 12✗

Hörverständnis 2

Übung H2-04

1. ★ 去北京旅游，地图很重要。 （ ）

2. ★ 学生们都不会说普通话。 （ ）

3. ★ 我很了解这个国家的历史和文化。 （ ）

4. ★ 司机叔叔帮我们搬了家。 （ ）

5. ★ 在图书馆里学习很舒服。 （ ）

6. ★ 街道附近的公园没有人打扫。 （ ）

7. ★ 我觉得小李的女朋友不好。 （ ）

8. ★ 感冒了吃点药好得快。 （ ）

9. ★ 我觉得数学比历史有更意思。 （ ）

10. ★ 考试的时候最好先把难题做了。 （ ）

11. ★ 他们不想秋天去中国，因为孩子要上学。 （ ）

12. ★ 这个字典虽然大，但是很好。 （ ）

答案：1√, 2×, 3×, 4×, 5√, 6×, 7×, 8×, 9√, 10×, 11×, 12√

Übung H2-05

1. ★ 我们要学会用字典。 ( )
2. ★ 刚才来的人我不认识。 ( )
3. ★ 其他的人都去开会了。 ( )
4. ★ 我丈夫喜欢看节目。 ( )
5. ★ 去地方检查工作的人才能解决这个问题。 ( )
6. ★ 我姐姐的歌唱得比我好。 ( )
7. ★ 我经常去医院照顾我的同事。 ( )
8. ★ 我爸爸妈妈现在都不年轻了。 ( )
9. ★ 人只会在难过的时候哭。 ( )
10. ★ 黑东西是一只小狗。 ( )
11. ★ 刮风的时候，一定要关好门。 ( )
12. ★ 他很想了解这个国家的历史和文化。 ( )

答案：1✓, 2✗, 3✗, 4✗, 5✓, 6✓, 7✓, 8✓, 9✗, 10✗, 11✓, 12✓

Hörverständnis 2

Übung H2-06

1. ★ 人们不敢相信，天冷了。 （ ）

2. ★ 学生不能玩电子游戏。 （ ）

3. ★ 他是在北京长大的。 （ ）

4. ★ 他们很早就开始准备旅游的事了。 （ ）

5. ★ 电子邮件的出现方便了我们的生活。 （ ）

6. ★ 我下了班就把你的衬衫洗干净。 （ ）

7. ★ 只有两个人知道这件事。 （ ）

8. ★ 这个城市的北面没有火车站。 （ ）

9. ★ 现在他住的地方离公司不很远。 （ ）

10. ★ 我弟弟很喜欢画小汽车。 （ ）

11. ★ 小张生气是因为她丈夫买了一个新冰箱。 （ ）

12. ★ 现在的孩子不用因为迟到站在教室的后面。 （ ）

答案：1✗, 2✗, 3✗, 4✓, 5✓, 6✗, 7✓, 8✗, 9✓, 10✓, 11✗, 12✓

Hörverständnis 2

Übung H2-07

1. ★ 我的手表快了十分钟。 (　)
2. ★ 他们把门给刷黑了。 (　)
3. ★ 他们吃得太饱了。 (　)
4. ★ 她不想要这一条裤子，因为裤子有一点儿短。 (　)
5. ★ 这个月下了很大的雨。 (　)
6. ★ 季节变化的时候，人们不喜欢穿很多衣服。 (　)
7. ★ 天黑了才开始下雨。 (　)
8. ★ 地铁站的对面是公共汽车站。 (　)
9. ★ 他们星期六去爷爷奶奶家过春节。 (　)
10. ★ 他们现在在公共汽车站。 (　)
11. ★ 老师们了解学生们为什么迟到。 (　)
12. ★ 车站上的人都上车了。 (　)

答案：1✗, 2✗, 3✗, 4✓, 5✓, 6✗, 7✗, 8✗, 9✓, 10✓, 11✗, 12✗

Hörverständnis 2

Übung H2-08

1. ★ 中国人说话就是不想让外国人听懂。 ( )

2. ★ 那个人叫我注意脚下的孩子。 ( )

3. ★ 孩子们不敢来河里游泳是因为水多了。 ( )

4. ★ 他下了班去学习是为了见历史老师。 ( )

5. ★ 孩子们没有带吃的东西去爬山。 ( )

6. ★ 问题出现了，要想办法把它们解决。 ( )

7. ★ 他把同事给他的绿茶喝完了。 ( )

8. ★ 没有用一刻钟的时间，他就把题都做完了。 ( )

9. ★ 小文不高兴，因为他学得比别人差。 ( )

10. ★ 他拿不到第一名，是因为别的同学比他聪明。 ( )

11. ★ 这个药的主要作用就是让人吃饭。 ( )

12. ★ 我的车被小李骑走了。 ( )

答案：1✗, 2✓, 3✓, 4✗, 5✗, 6✓, 7✗, 8✓, 9✗, 10✗, 11✗, 12✓

Hörverständnis 2

Übung H2-09

1. ★ 孩子会自己穿衣服了。 ( )
2. ★ 火车的到来使来这里旅游的人多了。 ( )
3. ★ 别人问你，你就必须回答。 ( )
4. ★ 经理不同意他去开会。 ( )
5. ★ 世界上有很多可爱的人。 ( )
6. ★ 中国的月亮会自己爬上山，真好玩。 ( )
7. ★ 下雪了，开车不方便。所以，我希望不要下雪。 ( )
8. ★ 那个人腿上没有穿东西。 ( )
9. ★ 孩子见到妈妈非常高兴。 ( )
10. ★ 厨房里还有没有洗的碗和盘子。 ( )
11. ★ 中国人不一定每个人都说普通话说得很好。 ( )
12. ★ 他现在不怕在雨中跑步。 ( )

答案：1✓, 2✓, 3✗, 4✗, 5✗, 6✗, 7✓, 8✗, 9✓, 10✓, 11✓, 12✗

Hörverständnis 2

Übung H2-10

1. ★ 发烧，而且耳朵还很疼，就要去看医生了。 (　)

2. ★ 孩子们爱听小李讲故事。 (　)

3. ★ 他们都爱运动。 (　)

4. ★ 中国孩子的爸爸妈妈不愿意送孩子去国外。 (　)

5. ★ 边听音乐，边喝茶，好舒服啊！ (　)

6. ★ 我认为你跟他学不到东西。 (　)

7. ★ 春节是中国最有名的春天的节日。 (　)

8. ★ 六楼的那个年轻人喜欢买女孩子的东西。 (　)

9. ★ 树下坐着的人高兴地画着画。 (　)

10. ★ 车后面的人想睡觉，可是，睡不着。 (　)

11. ★ 服务员没有其他颜色的笔了，都卖完了。 (　)

12. ★ 他总是不吃饭就玩电子游戏。 (　)

答案：1✓, 2✓, 3✓, 4✗, 5✓, 6✓, 7✗, 8✗, 9✗, 10✓, 11✗, 12✓

Hörverständnis 2

Lösung H2-01

1. 虽然，夏天这里的太阳很大，也很热，房前的大树帮了很大的忙。所以，我们一点儿也不觉得热。

2. 根据我们上次去机场花的时间来看，这次他们最早晚上十点才能到。

3. 我们可以上网给在很远的家人朋友写电子邮件，也可以知道外面的很多事，世界变得越来越小了。

4. 为了更健康，我最近经常吃香蕉、葡萄，很少吃甜面包和蛋糕。我觉得我瘦了很多，也健康了很多。

5. 今天我的眼睛不知道为什么特别不舒服。我想马上去看医生。可是，工作太忙了，只能明天去。

6. 如果做事不认真，就容易出错。我做数学题经常着急，很不认真，妈妈为此总是很生气。

7. 夏天过去了，秋天来了。天气变冷了。昨天，奶奶对我说，多穿一点儿衣服，小心感冒。

8. 空调打开了，空气就变得很干，我们经常会感到口渴。所以，我们最好在房间里放一杯水，这样就不会觉得很干了。

9. 我今天特别累，因为朋友搬家，我过去帮忙了。快结束的时候，我还把他们以前住的房间也打扫干净了。

10. 同事朋友们都很奇怪，为什么我用筷子用得特别好。他们不知道我在家努力地练习了半个月呢。

11. 今天叔叔带我去附近的动物园了。里面不但有鲜花、绿树、草地，还有一条小河，很漂亮，而且还有很多小鸟，我还看见了大熊猫。

12. 已经晚上十点了，可是我的作业还没有完成，明天又有一个很重要的考试，我真的很着急。

Hörverständnis 2

Lösung H2-02

1. 这里不像大城市，楼都很矮，最多只有五层高。不过环境很好，有绿树和鲜花，还有一条很干净的小河。

2. 明天要去附近的城市参加一个表演。晚上，突然发现我把表演用的衬衫忘在同事家了。我马上给他打了一个电话，要他明天一定记着带上。

3. 冬天来了，要注意身体。如果感冒发烧了，人就会觉得很不舒服，还会影响工作学习。

4. 我觉得经理刚才很生气，我在楼下就听见了他的声音，不知道是不是关于昨天会议的事情。

5. 根据今天早上的新闻，为了解决这个突然出现的问题，国家会议在昨天晚上九点一刻就已经举行了。

6. 最近我才发现，我们家附近的楼又矮又旧，我很担心刮风的时候，这些楼会被刮走。

7. 我当然很担心了，你最近除了经常迟到，还经常不认真复习。如果这样下去，你再聪明，你的成绩也会越来越差的。

8. 虽然小明每天晚上完成作业后还要上网，很晚才能睡觉，但是他总不会忘记刷牙。

9. 我家附近的那家宾馆对客人特别热情，只要客人需要什么，他们都会认真地去完成。我相信他们会把宾馆办得越来越好的。

10. 邻居张阿姨搬家了，搬到了她办公室的附近，主要是为了方便她每天上下班。其实，她很喜欢住在我们这里。

11. 这个孩子虽然很聪明，又很爱好表演，但是很不安静，做作业也不认真，这让他妈妈很不放心。

12. 还差五分钟比赛就结束了。每一个人都很着急，想知道自己的成绩，但是也很担心，害怕自己的成绩会很差。

Hörverständnis 2

Lösung H2-03

1. 你真的愿意跟他结婚吗？他除了有钱外，我看他人又矮又胖，还容易对你生气，你可要想好了啊。

2. 我几乎快不认识你了。你以前不是长头发吗？而且一直很瘦，现在怎么长胖了。

3. 今天中午我吃完饭后，马上就到厨房把碗和筷子洗了。然后，我休息了一会儿，就去做数学作业了。

4. 如果你害怕长胖，最好少吃像蛋糕这样甜的东西，多吃水果。

5. 今天特别忙。我先去银行取了钱，再到办公室帮同事写了新闻，然后去超市买了菜。我需要休息一会儿了。

6. 这段话里有几个词语和句子我不是很明白，所以这些作业我没有做完，你能帮我看一下吗？

7. 我记得街道的黑板上写过这条新闻，我们经常经过那里的，你怎么就忘记了呢？

8. 爷爷三年以前就坚持每天在公园锻炼身体，爬爬山，现在身体好多了。

9. 为了给奶奶过生日，妈妈今天在厨房忙了一个下午，除了给我们做饭，还给奶奶做了好吃的蛋糕。

10. 小亮每年参加体育比赛，跑一千五百米，都能得到很好的成绩。他学习也很努力，对每一个同学都很好。我们大家都很喜欢他。

11. 最近天气变化很大，很多同事都没有注意天气的变化，又没有多加衣服，所以很多人都感冒了。

12. 我们家虽然离上班的地方很近，但是，离超市很远。每次去买东西，我都必须坐地铁，特别不方便。

Hörverständnis 2

Lösung H2-04

1. 北京这个城市很大。如果你要去北京旅游，你可以坐地铁，或者坐出租车，但是，最好拿上一张北京地图。

2. 为了提高学生们的普通话水平，校长在这次大会上决定，在学校里每一个人都必须说普通话。

3. 如果要去一个国家旅游，应该在去之前，先了解一下这个国家的历史和文化。

4. 虽然今天司机叔叔的牙很疼，但是还是热情地把我们送回了家。

5. 学校的图书馆里有空调，而且可以上网，大家都喜欢在图书馆里看书、复习、准备考试。

6. 因为街道附近的公园经常有人打扫，所以那个地方很干净，让人特别舒服。

7. 听人说，小李的女朋友人长得很漂亮，说话的声音也很好听。我觉得，这都不重要。人好是最重要的。

8. 感冒不是大病，但是，人很不舒服，吃药也没有用。最好的办法还是多休息，多喝热水。

9. 中学读书的时候，我最喜欢历史了。可是，我在大学还是选择了读数学。因为，我觉得数学更有意思。

10. 考试的时候，遇到难题，不要着急。先做简单的题，再做比较难的题。

11. 我想秋天去中国。秋天是中国最好的季节。可是，孩子要上学，只能夏天去。

12. 这是我新买的字典。虽然很大，带起来很不方便，但是，里面有比一般的字典更多的字。所以，我很喜欢。

Hörverständnis 2

Lösung H2-05

1. 有一些字不认识，不要着急去问别人。学会用字典，在字典里找到不认识的字的意思，也是一种学习。

2. 刚才来的人我认识。但是我现在想不起来他叫什么名字了。

3. 这次去爬山，除了小李开会没有来，其他的人都去了。一共有二十个人呢。

4. 我丈夫这个人比较喜欢安静。他喜欢一个人边看报纸，边喝茶。这是他每个星期天下午的节目。

5. 他们去地方检查工作了。我们必须等他们回来，才能解决这个问题。

6. 我姐姐的歌唱得很好听。我唱得一般。但是，我的舞跳得比她好。

7. 你们不用担心。我生病的时候，我的同事经常来医院照顾我。

8. 照片中的小孩是我。左边是我爸爸，右边是我妈妈。他们那时都很年轻，不是吗？

9. 有时候，人哭是因为难过。但是，有时候，人高兴了，也会哭。你不相信吗？

10. 昨天晚上，我一个人走路回家。突然，从路边跑来一个黑东西，我害怕极了。我以为是一只狗，其实只是一只小猫。

11. 同学们，你们一定记着放学的时候，把教室的门关好。晚上这里会刮大风。

12. 为了更好地了解这个国家的历史和文化，他每天都花很多的时间去图书馆找介绍这个国家的书看。

Hörverständnis 2

Lösung H2-06

1. 这几天，天突然冷了。商店里的帽子一下被买完了。真让人不敢相信。

2. 玩电子游戏可以说也是一种锻炼。可是，玩得太多，会影响学习。所以，要注意玩电子游戏的时间不能太长。

3. 他是在北京学的汉语的，所以，他的普通话说得特别好。我还以为他是在北京长大的呢。

4. 他们今年七月打算去国外旅游，现在就开始准备了，买了很多关于那个国家旅游介绍的书。

5. 电子邮件的出现使我们的生活更方便了。人们不用出门就可以在网上买东西，给朋友写信。

6. 我把洗干净了的衬衫放到你的床上了。你下班回到家以后，自己把它们放好吧！

7. 孩子出国的事除了你和我知道外，还有孩子的老师知道。你先不要告诉孩子的爷爷奶奶，他们一定会担心的。

8. 这个城市很大，有三个火车站，东、西、南三个方向都有火车站。北面虽然没有火车站，但是有一个很大的飞机场。

9. 我不明白为什么他打算搬到那个地方去。那个地方没有地铁，比现在住的地方离公司远多了。

10. 我弟弟很可爱。他很喜欢画画，画很多漂亮的小汽车，还知道用不同的颜色。

11. 小张的丈夫把买冰箱的钱买了一辆新自行车。小张有一点儿生气，因为他们家的冰箱太小了，要换一个新的了。

12. 以前，我们上学的时候，谁迟到了，谁就站在教室的后面。现在，很多学校不这么做了。

Hörverständnis 2

Lösung H2-07

1. 不用着急，我的手表走得比较快。我们还有十分钟呢。

2. 你把门给刷一下吧！白色的门都快变黑了。

3. 服务员来了。我们再点两个菜吧。我还没有吃饱呢。

4. 其实，这条裤子哪里都好，颜色也很好看，就是短了一点儿。我决定明天去商店换一条。

5. 根据去年这个时候的天气来看，今年这个月不应该下这么大的雨。

6. 季节变化的时候，天气变化得很快。一下冷，一下热，都不知道穿什么衣服才好。

7. 今天早上天还很晴，太阳还那么大。到中午的时候，天上的云越来越多，不到晚上就下起了大雨。

8. 地铁站的对面是一家面包店和一家超市。地铁站的右边就是公共汽车。在这里买东西、坐车都很方便。

9. 今天是星期四。再过两天，我们就可以去爷爷奶奶家过春节了。

10. 有这么多人在等213啊，我们还是坐出租车去电影院吧！

11. 根据昨天校长大会做出的决定，我们必须了解学生们为什么经常迟到，而且要马上解决这个问题。

12. 火车到站的时候，天开始下起了大雪。车站上几乎一个人都没有了。

Hörverständnis 2

Lösung H2-08

1. 中国人真有意思。他们有时说："工作要认真"。有时又说："不要太认真"。真不明白他们是什么意思。

2. 今天我在银行换钱的时候，后面有一个人对我大叫。他让我注意我的脚下，因为那里有一个很小的小孩在爬。

3. 以前，这是一条小河。小孩子们很喜欢来这里游泳。可是，今年夏天雨水很多，小河变成了大河。孩子们不敢来河里玩了。

4. 他知道自己的文化水平比较低，所以常常下了班一个人去学校学习。他对历史很感兴趣，就选择了大学的历史课。

5. 孩子们带的东西太少了。他们爬完山回来，真饿了。你看，冰箱里的东西几乎被他们吃完了。

6. 问题出现了，不要着急，不要害怕。要把问题看做是锻炼的机会，想办法去解决它们。

7. 他今天真奇怪，早上只喝了一杯绿茶，什么也没有吃。手里拿着昨天同事借给他的书出了门，到现在也没有回家。

8. 不到一刻钟的时间，他就把题都做完了。虽然这只是一个小考试，老师也知道这些题对他来说不难，但是还是要他好好检查。

9. 小文刚从别的城市搬到这里来。虽然他和其他的孩子一样大，但是在学校比他们低一个年级。小文其实有一点儿不高兴。因为他相信自己学得不比别人差。

10. 他一直认为自己比别的同学聪明，老师一讲就懂，也不愿意像其他的同学那样认真做作业。所以他的成绩总不是班上第一名。

11. 这个药主要的作用就是使人不会觉得太饿。这样就可以不用吃很多东西，也就不会长胖了。

12. 我今天不能骑自行车上班了。上个周末小李要和他的朋友一起去公园玩，把我的自行车骑走了。现在还没有还呢。

Hörverständnis 2

Lösung H2-09

1. 经过这件事，我发现他长大了很多，再也不叫我给他穿衣服了。

2. 以前，火车不经过这里。从这个月开始，从附近大城市出发的火车每天有两班到这里。来这里旅游的人也越来越多了。

3. 你在做介绍的时候，一定要注意这一点，不一定有问必答。

4. 经理没有同意他和他的同事一起去那个地方开会，只让他一个人去了。

5. 世界上没有相同的人，正是因为我们的不一样才使这个世界变得可爱。

6. 他们唱的歌名字真好玩，叫"半个月亮爬上来"。 为什么要是半个月亮啊？

7. 我真希望明天不要下大雪。我们开车去孩子爷爷奶奶家过年要五个小时呢。

8. 你看前面那个人真奇怪。他腿上穿的是什么啊，又不是裙子，又不是裤子。

9. 孩子见到了妈妈，快乐得像小鸟一样跑过去。

10. 他们真的累了。吃了饭，碗和盘子都没有洗，就去睡觉了。

11. 不是每一个中国人都会说普通话，也不是每一个中国人说普通话都说得很好。

12. 他再也不敢在雨中跑步了。上次就是这样，他回到家就发烧了。

Hörverständnis 2

Lösung H2-10

1. 孩子发烧了不要太担心，但是，如果孩子说耳朵疼就应该去看医生了。

2. 小李很喜欢给孩子们讲故事。孩子们总是吃完饭，就到外面等小李叔叔出来给他们讲故事。

3. 别看我们长得不高，我们都很喜欢运动。我喜欢踢足球。我哥哥比我高，他更喜欢打篮球。

4. 过去，中国人没有钱去国外学习。现在，很多孩子的爸爸妈妈希望孩子有机会去国外学习，看一看外面的世界。

5. 你看这多么舒服啊！一边听着音乐，看着外面下着雪，一边喝着茶。希望每天都能这样，不用去上班。

6. 你真的想跟他一起去学画画吗？每个星期才两个小时，你能学到什么东西呢？

7. 在中国的节日里，最有名的就是春节了。但是，不要以为春节在春天。

8. 六楼住的是一位在这儿附近开商店的年轻人。她的商店主要卖女孩子爱穿的裙子、裤子、衬衫，还有帽子。

9. 树下坐着很多人，他们一边吃饭，一边很高兴地说着话。

10. 你和司机说话的声音真大，我们坐在后面，没有办法睡一会儿觉。

11. 我想买的蓝色的笔卖完了。服务员热心地向我介绍别的颜色的笔。可是，我都不喜欢。

12. 他对玩电子游戏特别感兴趣。下了班，在家做的第一件事就是先玩一个小时的电子游戏，然后再做饭。

Hörverständnis 3

Die Aufgaben des Hörverständnisses 3 bestehen aus kleinen mündlichen Dialogen mit jeweils einer mündlichen Frage und drei schriftlichen Antworten, von denen nur eine passt. Dialog und Frage werden zweimal vorgelesen. Anschließend muss der Prüfling entscheiden, welche Antwort zum soeben gehörten Dialog passt und die Frage richtig beantwortet. Fünf Dialoge und Fragen bilden jeweils einen Block.

Hier ein Beispiel:

Der Prüfling hört:

男： 这里有很多杯子，哪个是你的？
女： 左边那个红色的是我的。
问： 她的杯子是什么颜色的？

1. A 黑色　　　　B 红色　　　　C 白色

Die Lösung ist: B

Hörverständnis 3

Übung H3-01

1. A 用来开商店 ☐
   B 用来住 ☐
   C 用来办公 ☐

2. A 可以吃 ☐
   B 不能吃 ☐
   C 要先刷牙 ☐

3. A 十点一刻 ☐
   B 十点半 ☐
   C 十点差一刻 ☐

4. A 快过春节的时候 ☐
   B 快五点钟的时候 ☐
   C 快关门的时候 ☐

5. A 爷爷的邻居 ☐
   B 小女孩爷爷的学生 ☐
   C 小女孩的爷爷 ☐

答案：1B, 2A, 3A, 4A, 5C

Hörverständnis 3

Übung H3-02

1. A 红色的 ☐
   B 蓝色的 ☐
   C 黄色的 ☐

2. A 火车站 ☐
   B 机场 ☐
   C 地铁站 ☐

3. A 他妻子 ☐
   B 他的同学 ☐
   C 他的同事 ☐

4. A 考上中学 ☐
   B 考上大学 ☐
   C 考上他爸爸以前读过的学校 ☐

5. A 他想工作。 ☐
   B 他很忙。 ☐
   C 他不喜欢跳舞。 ☐

答案：1C, 2B, 3A, 4B, 5C

Hörverständnis 3

Übung H3-03

1.   A   用旧了的东西   ☐
         B   不能用的东西   ☐
         C   不能带走的东西   ☐

2.   A   男的喜欢上什么课。   ☐
         B   男的为什么不喜欢上课。   ☐
         C   男的为什么喜欢历史。   ☐

3.   A   同事关系   ☐
         B   妈妈和孩子的关系   ☐
         C   医生和病人的关系   ☐

4.   A   一站   ☐
         B   两站   ☐
         C   三站   ☐

5.   A   太高了！   ☐
         B   太矮了！   ☐
         C   太舒服了！   ☐

答案：1C, 2A, 3B, 4B, 5A

Hörverständnis 3

Übung H3-04

1. A 左手低一点，右手高一点 ☐
   B 右手低一点，左手高一点 ☐
   C 左手和右手都要高一点 ☐

2. A 男的只想去关门。 ☐
   B 男的去洗手间不喜欢关灯。 ☐
   C 男的只想去开门。 ☐

3. A 十二点半 ☐
   B 十二点四十五分 ☐
   C 十二点一刻 ☐

4. A 因为他工作太累。 ☐
   B 因为他生病了。 ☐
   C 因为他每天跑步。 ☐

5. A 会很好 ☐
   B 刮大风 ☐
   C 下雨 ☐

答案：1A, 2C, 3B, 4C, 5C

Hörverständnis 3

Übung H3-05

1. A 太好了！我去看一看！ ☐
   B 对不起，我不需要了！ ☐
   C 厨房在外面也行。 ☐

2. A 会有时间给自己 ☐
   B 也没有时间给自己 ☐
   C 爷爷奶奶不愿意帮助我们。 ☐

3. A 去商店买东西了 ☐
   B 去鲜花店买花了 ☐
   C 去商店买花了 ☐

4. A 因为，男的长高了，眼镜也不一样了。 ☐
   B 因为，男的变瘦了，眼镜也不一样了。 ☐
   C 因为，男的长胖了，眼镜也不一样了。 ☐

5. A 他不愿意进去了。 ☐
   B 他怕影响别人。 ☐
   C 表演开始得太早了。 ☐

答案：1B, 2B, 3A, 4C, 5B

Hörverständnis 3

Übung H3-06

1. A 两点二十五分 ☐
   B 两点三十分 ☐
   C 两点三十五分 ☐

2. A 不回答客人的电子邮件 ☐
   B 让李经理解决这个问题 ☐
   C 让客人自己做决定 ☐

3. A 老师和学生 ☐
   B 妈妈和孩子 ☐
   C 同学 ☐

4. A 黄色那个不贵的 ☐
   B 黑色那个好看的 ☐
   C 蓝色的 ☐

5. A 结婚的意思 ☐
   B 长久的意思 ☐
   C 天气好的意思 ☐

答案：1A, 2B, 3B, 4C, 5B

Hörverständnis 3

Übung H3-07

1. A 弟弟用他的东西，不还给他。 ☐
   B 他要为弟弟找他想要的东西。 ☐
   C 弟弟用他的东西，不告诉他，又不放好。 ☐

2. A 男孩像爸爸，女孩像妈妈。 ☐
   B 孩子的爸爸和妈妈长得很像。 ☐
   C 像爸爸的是女孩，像妈妈的是男孩。 ☐

3. A 他不喜欢这个环境。 ☐
   B 他不明白为什么他爱的人不爱他。 ☐
   C 他不喜欢和女的一起去旅游。 ☐

4. A 三千五 ☐
   B 三千七 ☐
   C 两千八 ☐

5. A 老师和学生 ☐
   B 校长和老师 ☐
   C 老师的儿子和校长 ☐

答案：1C, 2C, 3B, 4C, 5A

Hörverständnis 3

Übung H3-08

1. A 宾馆的服务员 ☐
   B 机场的服务员 ☐
   C 公司的司机 ☐

2. A 他很喜欢打扫办公室，这样，他不用工作。 ☐
   B 他不喜欢打扫，也不会做的。 ☐
   C 他不喜欢打扫，但是，他还是会做的。 ☐

3. A 去借自行车 ☐
   B 去银行 ☐
   C 去还黑色的自行车 ☐

4. A 他们希望孩子们能去接他们。 ☐
   B 他们希望火车能在三点一刻到。 ☐
   C 他们希望孩子们能在家。 ☐

5. A 三十五块五角 ☐
   B 五十块五角 ☐
   C 十四块五角 ☐

答案：1A, 2C, 3B, 4A, 5A

Hörverständnis 3

Übung H3-09

1. A 去河对面的图书馆 ☐
   B 去国家公园 ☐
   C 去河对面的国家图书馆 ☐

2. A 安静的地方，对着空调 ☐
   B 那个安静没有空调的地方 ☐
   C 安静的地方，不对着空调 ☐

3. A 七点 ☐
   B 七点三十分 ☐
   C 七点二十分 ☐

4. A 男的是从南方来的。 ☐
   B 男的没有很多的朋友。 ☐
   C 男的现在不想回家了。 ☐

5. A 买了菜 ☐
   B 接了朋友 ☐
   C 送一个朋友去机场 ☐

答案：1A, 2C, 3B, 4A, 5B

Hörverständnis 3

Übung H3-10

1.   A   邻居   ☐

          B   同学   ☐

          C   同事   ☐

2.   A   女的经理   ☐

          B   女的丈夫   ☐

          C   商店的服务员   ☐

3.   A   男的不想看   ☐

          B   看了，一定买   ☐

          C   没有兴趣买   ☐

4.   A   现在的孩子们也爱踢足球。   ☐

          B   现在的孩子们都进城工作了。   ☐

          C   现在的孩子们更爱玩电子游戏。   ☐

5.   A   男的认为他们的决定很对。   ☐

          B   他们不准备举行数学比赛了。   ☐

          C   他们打算每年举行两次。   ☐

答案：1A, 2C, 3C, 4C, 5A

Hörverständnis 3

Übung H3-11

1. A 绿茶在水里放久了就会变红。 ☐
   B 女的不相信这一点。 ☐
   C 男的认为女的说得不对。 ☐

2. A 银行五点关门。 ☐
   B 银行四点半关门。 ☐
   C 银行五点半关门。 ☐

3. A 熊猫的眼睛比别的熊的大。 ☐
   B 熊猫是猫，不是熊。 ☐
   C 熊猫的眼睛和别的熊的一样大。 ☐

4. A 红茶 ☐
   B 绿茶 ☐
   C 都爱喝 ☐

5. A 在饭馆 ☐
   B 在女的家 ☐
   C 在茶馆 ☐

答案：1A, 2B, 3C, 4C, 5A

Hörverständnis 3

Übung H3-12

1. A 你下了班就马上去看医生吧！ ☐
   B 你现在就去看医生吧！你不用担心这里。 ☐
   C 我帮你看一看是不是生病了。 ☐

2. A 我才不要你的冰箱呢。 ☐
   B 太谢谢了！我就搬走了。 ☐
   C 太谢谢了！可是，我有冰箱了。 ☐

3. A 我的东西不很好。 ☐
   B 你们不想买没关系。 ☐
   C 带点东西来看叔叔阿姨是应该的。 ☐

4. A 男的电脑没有这种问题。 ☐
   B 问题已经解决了。 ☐
   C 男的愿意帮助女的。 ☐

5. A 太阳很大，还有一点儿风。 ☐
   B 太阳走了，开始下雨了。 ☐
   C 太阳很大，但是开始刮大风了。 ☐

答案：1B, 2B, 3C, 4C, 5A

Hörverständnis 3

Übung H3-13

1.   A   不想走路了   ☐

      B   想坐车回家   ☐

      C   腿很疼。   ☐

2.   A   因为他在北京上了一年小学。   ☐

      B   因为他是北京人。   ☐

      C   因为他在北京上了六年小学。   ☐

3.   A   因为她看了医生。   ☐

      B   因为她不刷牙，还爱吃甜的东西。   ☐

      C   因为她刷牙的习惯不好。   ☐

4.   A   买了很长时间   ☐

      B   放到冰箱里了   ☐

      C   买的时候就不新鲜   ☐

5.   A   去买照相机   ☐

      B   去爬山   ☐

      C   去买吃的东西   ☐

答案：1C, 2C, 3C, 4B, 5B

Hörverständnis 3

Übung H3-14

1. A 把书搬到办公室去 ☐
   B 把书搬到会议室去 ☐
   C 把电子邮件写完 ☐

2. A 房子不大 ☐
   B 附近的商店不多 ☐
   C 不太安静 ☐

3. A 他们可能是夫妻。 ☐
   B 男的认为颜色不一样的包不能比。 ☐
   C 女的认为家里的包太多。 ☐

4. A 学校现在有六个班。 ☐
   B 学校现在只有五个年级。 ☐
   C 学校现在只有三个年级。 ☐

5. A 男的也很喜欢听小鸟叫。 ☐
   B 小鸟唱得太早了。他不能睡觉了。 ☐
   C 小鸟最好到花园里唱歌。 ☐

答案：1B, 2C, 3A, 4C, 5B

Hörverständnis 3

Übung H3-15

1. A 句子里的每个词语 ☐
   B 不懂句子的意思 ☐
   C 不懂汉语 ☐

2. A 夏天不用穿很多衣服。 ☐
   B 熊不喜欢夏天。 ☐
   C 她不喜欢开空调睡觉。 ☐

3. A 穿了长裤子，上面穿得也不少。 ☐
   B 只穿裙子，也不冷。 ☐
   C 她只是比别人少穿了一条裤子。 ☐

4. A 她觉得这个工作很难，而且需要很多时间。 ☐
   B 她明天一天要开会。 ☐
   C 她现在还要参加一个会议。 ☐

5. A 男的妻子去 ☐
   B 张校长去 ☐
   C 男的去 ☐

答案：1B, 2A, 3A, 4B, 5C

Hörverständnis 3

Übung H3-16

1. A 绿茶 ☐
   B 啤酒 ☐
   C 咖啡 ☐

2. A 忘带照片了 ☐
   B 忘带护照了 ☐
   C 忘带钱了 ☐

3. A 他不愿意等客人。 ☐
   B 他不想和客人说话。 ☐
   C 他不能解决这个问题。 ☐

4. A 她热情，你也应该热情。 ☐
   B 你太容易被别人影响了。 ☐
   C 热情的人很爱影响别人。 ☐

5. A 声音不会那么大吧？ ☐
   B 你不听就是了。 ☐
   C 声音的作用真大啊！ ☐

答案：1B, 2A, 3C, 4B, 5A

Hörverständnis 3

Lösung H3-01

1. 女：请介绍一下吧！

   男：好。这个楼一共十层。一楼是商店，二楼是办公室。上面都是住房。您想买的在第七层。

   问：女的想买的房子是做什么用的？

2. 女：这糖太甜了！不能给孩子吃。

   男：没关系的。吃了再刷牙，不一样吗？

   问：男的是什么意思？

3. 女：说好了是十点一刻在图书馆见面的。现在都十点半了。我看他是不会来了。

   男：不会的。我们再等等。对了，给他的手机打个电话看看吧。

   问：他们和朋友几点在图书馆见面？

4. 女：今天银行的人真多。一般只等五分钟，今天，我等了快半个小时，银行都快关门了。

   男：这有什么奇怪的。快过春节了，哪里人都多。

   问：什么时候人很多？

5. 女：邻居小女孩的爷爷画画画得很好，而且很有名。他的几个学生也不错。

   男：小女孩画画也一定画得不错吧？

   问：谁画画很有名？

Hörverständnis 3

Lösung H3-02

1. 女：那个用黄色的纸包的礼物是给谁的？

   男：是大家给张老师的。红色的是给李校长的。蓝色的是给数学老师的。

   问：送给张老师的礼物是用什么颜色的纸包的？

2. 女：他们什么时候检查我们的护照啊？

   男：别着急，现在只检查我们的行李，前面是检查我们护照的地方。

   问：他们最可能在哪里？

3. 女：你给自己买了新电脑，这么大的事情，怎么不先跟她说一下呢？你害怕什么？

   男：我怕她听了不高兴。她以前总是为这些事生我的气。

   问：根据他们的对话，我们可以知道这个"她"最有可能是谁？

4. 女：这次你考得这么好。你打不打算去北京读大学？

   男：我有一点儿想去。我爸爸就是在北京读的大学。但是，还要看爸爸妈妈同不同意。

   问：男孩子考上什么学校？

5. 女：小李，明天就是周末了。同事们都去跳舞了。你一个人这么晚还在办公室工作啊！怎么不去跳舞？

   男：我没这个爱好。

   问：小李为什么不去跳舞？

Hörverständnis 3

Lösung H3-03

1. 女：是谁来的电话？

   男：是小张，以前在我们这里工作的小张。他离开这里的时候，把他房间里不能带走的东西都给了我。你看，这个空调还是他的呢。

   问：小张把什么东西给了他们？

2. 女：你最喜欢上谁的课？

   男：历史老师的课。上课就像听故事一样，很好玩！考试也不难。

   问：女的想知道什么？

3. 女：别哭了！渴了吧？再喝一点儿水！

   男：不要，我的裤子呢？

   问：他们最有可能是什么关系？

4. 女：对不起，请问，从这里怎么去动物园？

   男：从这里坐三路汽车，两站，再换一号地铁。

   问：从这里去动物园坐三路汽车几站再换地铁？

5. 女：公司今天换了新椅子。我怎么就觉得坐得不舒服，是不是椅子太高了？

   男：新椅子多舒服啊，又干净又漂亮。我觉得，我们的桌子又矮又旧，也应该一起换了。

   问：女的认为新椅子怎么样？

Lösung H3-04

1. 女：你帮我看一看，这张地图是不是在中间。

   男：好的。你的左手低一点，再低一点。右手高一点。这样正好。

   问：女的应该怎么做？

2. 女：从洗手间出来的时候，记住关灯。

   男：我又不去洗手间，我只想开一下门。

   问：男的要去做什么？

3. 女：医生说了，这个药每天吃三次，每次饭后半小时吃。

   男：爷爷中午十二点一刻吃的饭。现在才十二点半。再等一会儿吧。

   问：爷爷应该几点吃药？

4. 女：你怎么瘦了？是生病了还是工作太累了？

   男：我最近每天跑步，每次跑两个小时。瘦了很多，是不是？

   问：男的为什么瘦了？

5. 女：听新闻说，这个周末天气会很好，也不刮风。从下个星期一开始，就会下雨。我们要不要去公园玩一玩？

   男：你带孩子去吧！这个周末我没有时间。我必须把下个星期的节目准备好。

   问：下个星期一的天气会是怎么样？

Hörverständnis 3

Lösung H3-05

1. 女：你想要的那个房间已经租出去了。我在街的南面还有一个房间，和这个房间一样大，只是厨房在外面。你想不想看一看？

    男：谢谢了！不用了！

    问：男的是什么意思？

2. 男：孩子上小学了，你终于有时间给自己了。

    女：说是这样。可是，我还要每天接他们，送他们，也要花很多时间。真希望孩子的爷爷奶奶住得近一点儿，能帮一下忙。

    问：女的是什么意思？

3. 女：对不起，让你久等了。今天商店里的人真多，只想买一点儿东西，最后，等了这么久。

    男：没关系。我刚才经过一家鲜花店，进去看了看，给你买了花。你喜欢吗？

    问：女的为什么迟到了？

4. 女：照片上的人是你吗？

    男：怎么不是啊！我比以前长胖了很多，还换了眼镜。可能很难认出我来。现在没有眼镜了，你看一看，像不像？

    问：女的为什么认不出男的来了？

5. 女：表演早已经开始了。你怎么不进去啊？

    男：迟到了这么长时间，我都不好意思进去了。

    问：男的是什么意思？

Lösung H3-06

1. 女：现在几点钟了？

   男：我看一下，两点半了。不对，我的手表走得比较快，快五分钟呢。应该是两点二十五分。

   问：现在几点钟了？

2. 女：这个客人的要求太多了。我和小李都不敢做决定。

   男：这么重要的事，最好等李经理回来再说。你先给客人写个电子邮件，让他等一等。

   问：他们决定怎么做？

3. 女：你做完数学练习了没有？

   男：做完了。你要不要检查一下？我还复习了老师今天上课讲的东西呢。

   问：他们最可能是什么关系？

4. 男：这三辆车你更喜欢哪一辆？

   女：很难说。黄色是我的最爱，就是太贵了！蓝色的呢？颜色很好看，又不很贵。黑色的多难看啊！

   问：女的喜欢哪一辆车？

5. 女：孩子结婚的时间选好了吗？

   男：你看九月九号怎么样？九同久，表示"长久"的意思。我觉得不错。再说，九月的天气一般都很好，也不热。

   问："九"在中国有什么意思？

Hörverständnis 3

Lösung H3-07

1. 女：你不要跟他生气。他是你弟弟。你们是一家人。

   男：可是，他总是用我的东西，又不告诉我。用了还不放好，我自己都找不到自己的东西。

   问：男的为什么生气？

2. 女：你看这两个孩子真可爱。一个像爸爸，一个像妈妈。

   男：是啊！更有意思的是，像爸爸的是一个女孩，像妈妈的是一个男孩。

   问：男的觉得什么更有意思？

3. 女：你别难过，换一下环境就会好的。出去旅游，怎么样？

   男：没有兴趣。我就不明白，我对她那么好，她要什么，我就给她买什么。她最后为什么还是离开我了呢？

   问：男的为什么难过？

4. 女：这是你新买的照相机吗？要三千多吧？

   男：很对！上个月我去商店看的时候，要三千五。春节后我去买，便宜了七百，现在一共才要两千八。

   问：他花了多少钱买了这个照相机？

5. 女：你不要以为你是校长的儿子，我就不敢说你。

   男：我已经说了，我做得不对。请您不要告诉我爸爸。

   问：他们最可能是什么关系？

Lösung H3-08

1. 男：您好！您的房间在十五层。我帮您拿行李。电梯在这里。请跟我来。您先请！

   女：谢谢！

   问：男的最可能是做什么工作的？

2. 女：今天下午下了班，把办公室打扫得干净一点儿。明天会有人来检查工作。

   男：每次都一样。打扫就打扫吧！

   问：男的是什么意思？

3. 女：小黄，能不能把你的自行车借给我骑一下？我去一下银行就回来。

   男：没问题。楼下那辆黑色的就是。

   问：女的要去哪儿？

4. 女：你给孩子们写电子邮件了没有？

   男：写了。你放心吧！他们已经说了会来接我们的。我已经告诉了他们，我们的火车明天下午三点一刻到北京。

   问：他们为什么要写电子邮件？

5. 女：一共三十五块五角。你给我五十块。找您十四块五角。您拿好！

   男：谢谢！

   问：男的一共花了多少钱？

Hörverständnis 3

Lösung H3-09

1. 男：这位小姐，您去哪儿？
   女：我去国家公园旁边的图书馆。这条街向前走，过了河，向右就是。
   问：女的要去哪儿？

2. 女：你想坐在这儿还是坐在那儿？
   男：坐这儿吧！这里安静，又不对着空调。
   问：男的想坐在哪儿？

3. 女：喂，小李，你好！是我。路上车很多。可能还要二十多分钟才能到你那里呢！
   男：没关系！现在才七点，还有三十分钟节目才开始。
   问：节目几点开始？

4. 女：你搬到这儿已经有三个月了吧？习惯吗？
   男：刚开始的时候很想家，现在认识的朋友越来越多了，也慢慢好了。就是有时候，很想吃南方的米饭。
   问：根据他们的对话，我们可以知道什么？

5. 男：你昨天做了什么？
   女：我先去机场接了一个朋友，把她送到她住的宾馆，然后去超市买了菜。
   问：女的昨天最先做了什么？

Lösung H3-10

1. 女：最近，经常在电梯里遇到你们。你们是新搬进来的吧？

   男：是，我们刚搬进来不到两个星期。

   问：他们最可能是什么关系？

2. 女：我多看几个，比较一下再说。

   男：没关系的。您慢慢看。我们这儿的行李箱什么颜色的都有。

   问：男的最可能是什么人？

3. 女：您想不想要？想要我给您便宜一点儿。三件衬衫两百块，您看怎么样？

   男：我看看再说。

   问：男的是什么意思？

4. 女：以前这里是一个很大的足球场。现在怎么都长出这么高的草来了？

   男：这有什么奇怪的。踢足球的孩子们长大后都进城工作了。现在的孩子更喜欢玩电子游戏。没人来这里玩了。

   问：根据他们的对话，我们可以知道什么？

5. 女：他们打算每年五月举行一次数学比赛。可是因为今年参加的人比较少，所以，他们就打算以后每两年举行一次。

   男：我认为他们的决定很对。这样，参加的人也会多一些。

   问：根据他们的对话，我们可以知道什么？

Hörverständnis 3

Lösung H3-11

1. 女：你知道绿茶为什么先开始的时候是绿色，在水里放久了，就变成红色的了？

   男：我没有注意到这一点。下次我多注意一下。

   问：根据他们的对话，我们可以知道什么？

2. 女：银行今天怎么这么早就关门了呢？我记得以前都是下午四点半才关门的啊。

   男：对啊！银行总是四点半关门。现在都五点多了，当然早都关门了。是不是你的手表又不走了？

   问：根据他们的对话，我们可以知道什么？

3. 女：熊猫很可爱，很少有人知道，其实，它们是熊，不是猫。它们的眼睛和别的熊的眼睛一样大。

   男：你说什么？熊猫的眼睛和别的熊一样大？这不可能！

   问：根据他们的对话，我们可以知道什么？

4. 女：红茶和绿茶，你更爱喝哪一种？

   男：都爱喝。不同的季节喝不同的茶。夏天应该多喝绿茶。冬天应该喝红茶。春天喝花茶。

   问：男的更爱喝哪一种茶？

5. 女：你吃饱了吗？要不我们再点两个菜？

   男：不用了。其实我已经很饱了。

   问：他们可能在哪里？

Hörverständnis 3

Lösung H3-12

1. 女：我觉得不很舒服，可能是发烧了。
   男：你去看一下医生吧。这里的事有我呢。
   问：男的是什么意思？

2. 男：我在这里的工作下个星期就结束了。厨房的冰箱我不带了，如果你要，你拿去吧。
   女：真的吗？那我就不客气了。
   问：女的是什么意思？

3. 女：小张，快进来！你还带什么东西来？真是太客气了！
   男：好久没有来看叔叔阿姨了，只是一点儿小意思。
   问：男的是什么意思？

4. 男：我的电脑以前也遇到过这种问题，你不用担心。我们会想出办法解决的。
   女：太谢谢你了。有你愿意帮助我，我就不用担心完成不了工作了。
   问：女的为什么对男的说谢谢？

5. 女：现在的太阳多好啊，只是有一点刮风。我相信不会下雨的。
   男：那我就不带伞了！
   问：现在的天气怎么样？

Hörverständnis 3

Lösung H3-13

1. 女：我的腿突然很疼！我走不了路了。
   男：我们先休息一下吧！如果还不好，我们就坐车回家吧！
   问：女的怎么了？

2. 女：你说你不是北京人。你为什么能说这么好的普通话呢？
   男：因为我是在北京上的小学，而且上到六年级。
   问：男的普通话为什么讲得很好？

3. 女：昨天才看的医生，今天，我的牙又开始疼了。我又不是爱吃糖的人，这是怎么回事啊？
   男：看医生也没有用。我看是你的习惯不好。你爱起了床就刷牙，应该吃了早饭后再刷牙。
   问：女的为什么牙疼？

4. 男：这是怎么回事？香蕉昨天才买的，买的时候还很新鲜，今天怎么就坏了！
   女：你一定是把它们放到冰箱里了。香蕉放到冰箱里就会变黑。
   问：香蕉为什么坏了？

5. 男：小红，周末我们一起去爬山。我带上吃的东西，你带上你的照相机，好吗？
   女：可是，我的照相机又坏了！
   问：他们周末要去哪儿？

Hörverständnis 3

Lösung H3-14

1. 女：小李，能不能帮我把这些书搬到会议室去？
   男：没问题。我把这个电子邮件写完就去。
   问：女的想要男的做什么？

2. 女：这个房子虽然不大，可是，离地铁站走路不要十分钟，附近有很多商店。但是，我担心会不会不太安静。
   男：我也有这个担心。我们看看其他的，再说吧。
   问：他们担心什么？

3. 男：你怎么又买包了？家里都有七八个包了。
   女：那有什么奇怪的。它们的颜色都不一样，不能比。
   问：根据他们的对话，我们可以知道什么？

4. 女：以前，这个中学有六个年级，每个年级有五个班。现在只有三个年级了。
   男：那也就是说学校变小了。
   问：根据他们的对话，我们可以知道什么？

5. 女：春天来了，花园的小鸟越来越多。它们叫得真好听，像唱歌一样。
   男：好听是好听，可是，我就不能多睡一会儿了。
   问：男的是什么意思？

Hörverständnis 3

Lösung H3-15

1. 女：句子里的每个词语我都懂，就是不明白句子的意思。
   男：让我看一看。我学习汉语的时候，也经常遇到这个问题。
   问：女的不懂什么？

2. 男：夏天真热啊！必须开着空调才能睡觉。
   女：是啊！但是，我还是喜欢夏天。夏天不用像冬天一样穿得像个熊一样。
   问：女的是什么意思？

3. 男：都秋天了，你还穿裙子！不怕冷啊？
   女：不冷。裙子下面还穿了黑长裤呢。再说，我上面穿得多。
   问：女的为什么不怕冷？

4. 女：李经理，你给我的这个工作，我这个星期三很难完成。现在已经是星期一的下午四点了。我明天要去开一天的会议。
   男：星期三不能给我，没问题。但是，星期四早上一定要给我。
   问：女的为什么说她星期三不能完成？

5. 女：开会的事，你去或者张校长去，都可以。现在，你又说你不能去，我们又找不到张校长，你说，这可怎么办才好？
   男：那只有我去了。我给我妻子打个电话，只好让她带孩子去医院了。
   问：现在谁去参加会议？

Hörverständnis 3

Lösung H3-16

1. 女：请问，你们想喝一点儿什么？我们有咖啡，也有茶。

   男：谢谢了。我们只想喝一点儿啤酒。

   问：男的想喝什么？

2. 男：其他的东西都有了。护照在，钱也对。可是，你的照片忘带了。今天就办不了。你明天再来吧！

   女：明天还是这个时候来找您，行吗？

   问：女的事今天为什么办不了？

3. 女：客人在电话那边等着呢！你快想一个办法吧！

   男：我能有什么办法？我只是一个小小的经理。还是等到明天再说吧！

   问：男的是什么意思？

4. 女：商店的服务员这么热情，我都不好意思说不要。

   男：这怎么能行呢？不能让别人影响你做决定啊！

   问：男的是什么意思？

5. 女：把声音关小一点儿！我的耳朵都疼了。

   男：我只开大了一点儿，作用就那么大了吗？耳朵都开始疼了，我才不相信呢！

   问：男的是什么意思？

听力，第四部分

Hörverständnis 4

Die Aufgaben des Hörverständnisses 4 prüfen ab, ob mündliche Dialoge richtig verstanden werden und gleichzeitig kurze chinesische Ausdrücke gelesen werden können und verstanden werden. Zu jedem Dialog gibt es eine mündliche Frage und drei schriftliche Antworten, von denen nur eine passt. Dialog und Frage werden zweimal vorgelesen. Anschließend muss der Prüfling entscheiden, welche Antwort zum soeben gehörten Dialog passt und die Frage richtig beantwortet. Fünf Dialoge und Fragen bilden jeweils einen Block.

Hier ein Beispiel:

Der Prüfling hört:

男： 请在这儿写您的名字。
女： 是这儿吗？
男： 不是，是这儿。
女： 好，谢谢。
问： 女的要写什么？

1. A 时间　　　　B 名字　　　　C 房间号

Die Lösung ist:　　　B

Hörverständnis 4

Übung H4-01

1. A 书店 ☐
   B 电影院 ☐
   C 商店 ☐

2. A 一楼左手第一个房间 ☐
   B 二楼左手第一个房间 ☐
   C 二楼右手第一个房间 ☐

3. A 在医院 ☐
   B 在上班 ☐
   C 在家 ☐

4. A 数学老师 ☐
   B 校长 ☐
   C 学生 ☐

5. A 很好看 ☐
   B 一般 ☐
   C 很差 ☐

答案：1B, 2B, 3C, 4B, 5B

Hörverständnis 4

Übung H4-02

1. A 手机 ☐
   B 篮球 ☐
   C 足球 ☐

2. A 看了游泳比赛 ☐
   B 没有告诉女的 ☐
   C 帮弟弟复习数学 ☐

3. A 二十块八角 ☐
   B 十块八角 ☐
   C 五块八角 ☐

4. A 火车站 ☐
   B 商店 ☐
   C 街道上 ☐

5. A 上网 ☐
   B 一起去旅游 ☐
   C 爬山 ☐

答案：1C, 2C, 3A, 4C, 5C

Hörverständnis 4

Übung H4-03

1. A 想吃蛋糕 ☐
    B 复习太努力了 ☐
    C 没有吃晚饭 ☐

2. A 她还没有学。 ☐
    B 她不喜欢玩水。 ☐
    C 她家不住在河边。 ☐

3. A 他不喜欢做作业。 ☐
    B 他没有努力复习。 ☐
    C 他不喜欢数学。 ☐

4. A 自行车坏了。 ☐
    B 电梯坏了。 ☐
    C 路坏了。 ☐

5. A 要去买衬衫 ☐
    B 要穿漂亮的白衬衫 ☐
    C 要去参加会议 ☐

答案：1B, 2A, 3B, 4B, 5C

Hörverständnis 4

Übung H4-04

1. A 在左边 ☐
   B 在右边 ☐
   C 在中间 ☐

2. A 不洗澡 ☐
   B 不关门 ☐
   C 不习惯洗手 ☐

3. A 因为她生气了。 ☐
   B 因为她的声音太大了。 ☐
   C 因为音乐声太大了。 ☐

4. A 刷牙之前 ☐
   B 上网之后 ☐
   C 吃了糖以后 ☐

5. A 去图书馆借书 ☐
   B 带着伞，走着去图书馆 ☐
   C 骑自行车去图书馆 ☐

答案：1A, 2B, 3B, 4C, 5B

Hörverständnis 4

Übung H4-05

1. A 不想开电视 ☐
   B 为了准备明天的考试 ☐
   C 为了想办法不去考试 ☐

2. A 新开张的超市 ☐
   B 那家经常去的超市 ☐
   C 有一点儿远的 ☐

3. A 去了图书馆 ☐
   B 找了她要还的书 ☐
   C 听了音乐 ☐

4. A 去机场，把行李箱放在那里 ☐
   B 去动物园看了熊猫，就去机场 ☐
   C 把行李箱放在宾馆 ☐

5. A 照顾爷爷和奶奶 ☐
   B 去很近的地方开会 ☐
   C 去很远的地方参加会议 ☐

答案：1B, 2A, 3C, 4C, 5A

Hörverständnis 4

Übung H4-06

1. A 买冰箱 ☐
   B 要搬家 ☐
   C 要打扫房间 ☐

2. A 不知道怎么比较两个词语 ☐
   B 不知道怎么找别的句子 ☐
   C 不知道两个词语的意思 ☐

3. A 多看电视，多听新闻 ☐
   B 多锻炼，少说话 ☐
   C 锻炼身体，练习普通话 ☐

4. A 踢球踢得太多 ☐
   B 运动得太多 ☐
   C 爬了山 ☐

5. A 蓝色的，绿色的 ☐
   B 白色的，黄色的 ☐
   C 白色的，蓝色的 ☐

答案：1B, 2C, 3C, 4C, 5A

Hörverständnis 4

Übung H4-07

1. A 她看节目看得很晚。 ☐
   B 她和朋友一起去喝酒了。 ☐
   C 她不想去办公室。 ☐

2. A 用铅笔画画 ☐
   B 带她去她不清楚的地方 ☐
   C 给她讲她不懂的地方 ☐

3. A 去地铁站接她 ☐
   B 在家准备饭菜 ☐
   C 给叔叔家打电话 ☐

4. A 忘了拿筷子 ☐
   B 给奶奶面条 ☐
   C 注意脚下 ☐

5. A 担心家人 ☐
   B 想家人 ☐
   C 家人不听新闻 ☐

答案：1B, 2C, 3B, 4B, 5A

Hörverständnis 4

Übung H4-08

1.   A   他在买很贵的东西。 ☐

        B   他在给女的打开礼物。 ☐

        C   他在问女的愿不愿意和他结婚。 ☐

2.   A   他不愿意坐地铁上班。 ☐

        B   上班太不方便了。 ☐

        C   他想接女的一起去上班。 ☐

3.   A   去看表演 ☐

        B   给大家唱歌 ☐

        C   和大家一起唱歌 ☐

4.   A   女的觉得男的很注意她的邻居。 ☐

        B   女的也认为她的裙子很漂亮。 ☐

        C   女的也发现了这个问题。 ☐

5.   A   这个季节去，很冷。 ☐

        B   我们很习惯那里的天气。不用担心。 ☐

        C   太阳出来，很热。天阴了，就很冷。 ☐

答案：1C, 2B, 3C, 4A, 5C

Hörverständnis 4

Übung H4-09

1. A 李经理和他的妻子 ☐
   B 李经理和他的孩子 ☐
   C 李经理以前的妻子 ☐

2. A 跑步比赛 ☐
   B 踢球比赛 ☐
   C 爬山比赛 ☐

3. A 又便宜又好 ☐
   B 有名 ☐
   C 菜很新鲜，也是最贵的。 ☐

4. A 他们没有出门。 ☐
   B 男的洗了手，才吃了面包。 ☐
   C 没有吃面包，男的就出了门。 ☐

5. A 去黑板前面 ☐
   B 去老师那里 ☐
   C 去学校的医生那里 ☐

答案：1C, 2A, 3B, 4A, 5C

Hörverständnis 4

Übung H4-10

1. A 书 ☐
   B 报纸 ☐
   C 字典 ☐

2. A 十一月八号 ☐
   B 十一月十一号 ☐
   C 十一月十三号 ☐

3. A 看照片 ☐
   B 用电脑 ☐
   C 看电视 ☐

4. A 同事 ☐
   B 同学 ☐
   C 邻居 ☐

5. A 爸爸和女儿 ☐
   B 妈妈和儿子 ☐
   C 丈夫和妻子 ☐

答案：1B, 2B, 3B, 4A, 5C

Hörverständnis 4

Übung H4-11

1.
   - A 介绍工作的
   - B 卖房子的，或者出租房子的
   - C 旅馆的服务员

2.
   - A 我们说话的声音很大，就不怕狗。
   - B 走小路吧！大路很远呢。
   - C 我们就走大路吧！

3.
   - A 太阳眼镜
   - B 椅子
   - C 门票

4.
   - A 应该买舒服的鞋子。
   - B 漂亮的鞋子是给女人穿的。
   - C 别人只喜欢看漂亮的鞋子。

5.
   - A 因为他们没有坐上地铁。
   - B 因为他们不想回家。
   - C 因为他们想知道这里的宾馆好不好。

答案：1B, 2C, 3A, 4A, 5A

Hörverständnis 4

Übung H4-12

1.   A   半块蛋糕、一瓶牛奶 ☐

        B   半块蛋糕、一瓶果汁 ☐

        C   半块蛋糕、一盘面包 ☐

2.   A   男的锻炼太少了。 ☐

        B   男的不是很胖。 ☐

        C   男的喝啤酒喝得太多了。 ☐

3.   A   那时，男的没有告诉女的他要去爬山。 ☐

        B   那天，天上的云又白又多。 ☐

        C   男的和女的认识不到一年。 ☐

4.   A   他们的眼镜太旧了。 ☐

        B   老师的字写得太小了。 ☐

        C   黑板太远了。 ☐

5.   A   学习怎么写汉字。 ☐

        B   了解汉字的历史。 ☐

        C   认识汉字，了解很多别的意思。 ☐

答案：1A, 2C, 3C, 4B, 5C

Hörverständnis 4

Übung H4-13

1. A 应该先有工作，再结婚。 ☐
   B 不想让他的女儿结婚。 ☐
   C 结了婚，就可以不用工作了。 ☐

2. A 多给你们几天时间也没有用。 ☐
   B 对你们不放心。 ☐
   C 我相信你们能行的。 ☐

3. A 只有数学好 ☐
   B 数学好，音乐也好 ☐
   C 喜欢上电视 ☐

4. A 人很多。 ☐
   B 车辆很少。 ☐
   C 变化很大。 ☐

5. A 孩子对数学感兴趣，老师教得也很好。 ☐
   B 孩子不聪明，但是很努力。 ☐
   C 孩子只喜欢看书。 ☐

答案：1A, 2C, 3B, 4B, 5A

Hörverständnis 4

Übung H4-14

1. A 机会来了，一定要让给别人。
   B 是你的就是你的，不用着急。
   C 机会虽然重要，但是做好准备更重要。

2. A 女的觉得用筷子很简单。
   B 女的也不会用筷子。
   C 男的想让女的教他用筷子。

3. A 白天的时间越来越长了。
   B 晚上的时间越来越长了。
   C 白天的时间越来越短了。

4. A 鼻子很高，像妈妈
   B 眼睛又黑又大，像哥哥
   C 头发比哥哥的长

5. A 送报纸的
   B 卖蛋糕的
   C 卖手机的

答案：1C, 2C, 3A, 4C, 5B

Hörverständnis 4

Übung H4-15

1.
   A 六百五十块 ☐
   B 一百三十五块 ☐
   C 七百八十五块 ☐

2.
   A 他不喜欢上面的衬衫。 ☐
   B 他不愿意帮助那个女的。 ☐
   C 他也是来买东西的。 ☐

3.
   A 女的喜欢绿色的伞。 ☐
   B 男的喜欢绿苹果。 ☐
   C 他们要在雨中找人。 ☐

4.
   A 孩子的爸爸没有让孩子一个人走去学校。 ☐
   B 孩子的爸爸不担心。 ☐
   C 孩子想让爸爸放心。 ☐

5.
   A 因为今天上班的人很少，很忙。 ☐
   B 因为她第一天来上班，做得很慢。 ☐
   C 因为她第一天来上班，来晚了。 ☐

答案：1C, 2C, 3A, 4A, 5B

Hörverständnis 4

Übung H4-16

1. A 自己的身体很好。 ☐
   B 医生的丈夫的身体很好。 ☐
   C 女的身体很好。 ☐

2. A 三题 ☐
   B 两题 ☐
   C 五题 ☐

3. A 在报纸里 ☐
   B 在报纸和盘子中间 ☐
   C 在桌子上 ☐

4. A 分着吃，一定能吃完。 ☐
   B 冰箱里还有一个西瓜呢！ ☐
   C 他们现在只有三个人在家。 ☐

5. A 一直向前走，在红绿灯那里向右走 ☐
   B 在红绿灯那里向左走 ☐
   C 坐 301 路汽车一站 ☐

答案：1A, 2B, 3C, 4C, 5A

Hörverständnis 4

Übung H4-17

1. A 8917 8988 ☐
   B 8920 1788 ☐
   C 8979 1878 ☐

2. A 去拿字典 ☐
   B 去开门 ☐
   C 去看爸爸睡觉 ☐

3. A 看足球赛 ☐
   B 踢足球 ☐
   C 看别人游泳 ☐

4. A 病人有一点儿口渴。 ☐
   B 她们是同事。 ☐
   C 她们觉得好多了。 ☐

5. A 男的电子信箱满了。 ☐
   B 男的只有一个电子信箱。 ☐
   C 女的有一点儿生气。 ☐

答案：1C, 2A, 3A, 4B, 5C

Hörverständnis 4

Lösung H4-01

1. 女：喂，是小张吗？我是李红。我现在还在书店。我可能会迟到一会儿。

   男：没关系，我现在也走不了。我们一小时后再见面吧。

   女：行！

   男：七点怎么样？我们七点在电影院见。

   问：他们在哪儿见面？

2. 女：王先生，您好！

   男：请问你们经理在哪里？

   女：我们经理在办公室等您呢。上二楼左手第一个房间就是。

   男：谢谢！

   问：经理的办公室在哪儿？

3. 男：你爸爸身体好吗？

   女：他最近有点发烧。

   男：去过医院了吗？

   女：医生说，他必须在家多休息一会儿。最好不要去上班了。

   问：女的的爸爸现在在哪儿？

4. 男：你姐姐在哪儿工作？

   女：她在学校工作。

   男：她是老师吗？

   女：以前是数学老师，现在，是校长了。

问：女的姐姐的工作是什么？

5. 男：我觉得这个电影很一般。你呢？

   女：我看都看哭了。我喜欢这个故事。

   男：故事太简单了，也没什么意思。

   女：你懂什么？

   问：男的觉得这个电影怎么样？

Lösung H4-02

1. 女：小明快过生日了，要买什么给他做生日礼物呢？

   男：手机怎么样？

   女：他只是个孩子。

   男：那就足球吧！男孩子都喜欢玩这个。

   问：他们要买什么给小明做生日礼物？

2. 女：你怎么没去看昨天的游泳比赛？

   男：我有更重要的事要做。

   女：有什么重要的事不告诉我？

   男：怎么敢不告诉你。我去教我弟弟做数学题了。他快要考试了，帮他复习一下。

   问：男的昨天做了什么？

3. 男：您要买葡萄吗？很甜的葡萄！不甜不要钱！

   女：多少钱一公斤？

Hörverständnis 4

男：十元四角。

女：我吃一个，是很甜。我买两公斤。

问：女的买葡萄花了多少钱？

4. 男：对不起，请问在哪里坐火车？

女：一直向前走，那个商店的后面就是火车站。

男：谢谢了！

女：不客气！

问：他们现在可能在哪儿？

5. 男：每个周末都在家上网，这个周末想做一点儿别的。

女：你周末想做什么？

男：想去旅游，但是时间太短了。不去远的地方。我们一起爬山吧！

女：好啊！

问：男的周末要做什么？

Lösung H4-03

1. 女：我好饿啊！

男：晚上你没有吃饭吗？

女：吃了，可是我现在又饿了，可能是复习太努力了。

男：冰箱里还有一块蛋糕，自己去拿吧！

问：女的为什么这么快就饿了？

2. 男：你会游泳吗？

   女：还不会，打算这个周末开始学呢。

   男：奇怪，过去你家门前不是有一条河吗？很多人都在那儿游呢。

   女：是的。但是我只是去玩了，没有游泳。

   问：女的为什么还不会游泳？

3. 男：我害怕这次数学考试成绩又会很不好。

   女：放心吧，你不会有问题的！你每次都做了作业。

   男：我很担心，因为之前没有好好复习。

   女：都考完了。担心也没有用。等成绩出来了，再说吧！

   问：为什么男的担心这次数学考试成绩会不好？

4. 男：你怎么才来啊？

   女：电梯坏了，我是走楼梯上来的。

   男：你今天说要去买自行车，买了吗？

   女：没有，我想每天走路也是一种锻炼。

   问：女的为什么会这么晚？

5. 女：你这件衬衫太漂亮了！

   男：是吗？我九点一刻有个会议要参加，就穿这件去，怎么样？

   女：你换那件黄色的吧，那件更好！

   男：好的。

   问：男的要做什么？

Hörverständnis 4

Lösung H4-04

1. 女：这是我们小时候的照片。
   男：站在中间的那位是你吗？
   女：不是，左边的那个才是我。
   男：是吗？你的变化太大了。
   问：在照片里女的站在什么地方？

2. 男：你的习惯太不好了。
   女：怎么了？
   男：你洗澡后，总是不关门。
   女：我下次一定记得关。
   问：女的做错了什么事情？

3. 男：你刚才为什么那么生气？
   女：没有啊。
   男：那你说话的声音怎么那么大？
   女：虽然声音大，但是不一定表示我生气了。你房间音乐声音这么大，我怕你听不到我的声音。
   问：男的为什么认为女的很生气？

4. 男：吃完糖后，我的牙齿又疼了。
   女：因为你晚上经常不刷牙就去睡觉。
   男：是啊，我每天上网后已经很晚了。
   女：那样的习惯很不好。

问：男的什么时候会牙疼？

5. 女：你去哪里？

   男：我去一下图书馆，把上个月借的书还了。

   女：天很阴了，会下雨的，记得带上伞。你还是走着去吧，别骑自行车了。

   男：知道了！

   问：女的想要男的做什么？

Lösung H4-05

1. 女：你今天不准备看体育新闻了吗？

   男：为了把作业完成，再复习一下，最好不开电视。

   女：你怎么变得这么认真了？

   男：没办法，明天有考试。

   问：男的为什么不看体育新闻了？

2. 男：奶奶，今天的香蕉真的很甜。

   女：是吗？你觉得甜，喜欢吃，就多吃。我明天再给你去买。

   男：你是在哪里买的？在你经常去的那家超市吗？

   女：不是，是在那家新开张的。其实，它离我们家更近一些呢。

   问：奶奶是在哪里买的香蕉？

3. 男：我以为你已经去图书馆了呢。

   女：还没有，刚才在家听了一会儿音乐。

Hörverständnis 4

男：你今天如果还去的话，帮我把这两本书还了，行吗？

女：没问题。

问：女的做了什么？

4. 男：你有兴趣去动物园看熊猫吗？

    女：有啊，可是我们的行李箱放在哪里呢？这么大的东西。

    男：我们就把它先放在宾馆好了。回来去机场的时候，再来拿。

    女：太好了！这是一个聪明的办法。

    问：他们准备最先做什么？

5. 女：记得照顾好爷爷奶奶！不要忘了给爷爷吃药，给奶奶做她爱吃的面条。

    男：你这是什么意思？你又要去哪里？

    女：这个星期天要去北方参加一个会议，需要一个星期呢。

    男：这么远！

    问：女的想要男的做什么？

Lösung H4-06

1. 女：我们家的冰箱比较大，很难搬。

    男：没关系，王阿姨，不用担心，周末我过去帮你们。

    女：小夏，真不好意思。你除了帮我们把房间打扫干净了，还帮我们搬家，真不知道怎么谢谢你。

    男：谢什么啊！阿姨，别客气，应该的。

    问：女的要做什么？

Hörverständnis 4

2. 男：这段话里面有两个词语我不是很明白。

   女：让我看看。

   男：就是这两个词语，我觉得它们的意思太像了。

   女：你把它们用到别的句子中，再比较一下，你就清楚了。

   问：男的有什么问题？

3. 男：这个冬天你有什么打算？

   女：除了锻炼身体，我还想提高一下自己的普通话水平。

   男：练习说普通话，要多看电视，多听新闻。

   女：没那么简单吧！

   问：女的打算做什么？

4. 男：我的腿今天好疼，几乎不能走路了。

   女：怎么了？

   男：昨天我和朋友一起去爬山了，今天我的腿就开始疼了。

   女：看来，你还是锻炼太少了。经常踢踢球，做运动，就不会这样了。

   问：男的为什么腿疼？

5. 男：妈妈，我的白衬衫已经很旧了，都变黄了。能给我换件新的吗？

   女：没有问题。你喜欢什么颜色的？我给你去拿。

   男：蓝色的或者绿色的都可以。

   女：好的。你等一下。

Hörverständnis 4

问：儿子喜欢什么颜色的衬衫？

Lösung H4-07

1. 女：奇怪了，你这么早就在办公室了啊。

   男：是啊。

   女：我还以为你跟我一样，早上起不来了呢。昨天我看完节目，就去喝酒了，早上就起不来了。

   男：昨天的节目一结束，我也就回家睡觉了。没有和他们去喝酒。

   问：女的为什么早上起不来？

2. 男：今天老师讲的你有不清楚的地方吗？

   女：有一两个句子不是很清楚。

   男：你先用铅笔把不明白的句子画出来，过一会儿我教你。

   女：太谢谢了！

   问：男的教女的什么？

3. 男：喂，你在哪儿了？

   女：我刚要下去坐地铁，一会儿就到了。

   男：好的。你出地铁站的时候，给我打个电话，我去接你。外面下大雨了。

   女：不用了，我带伞了。你还是在家把饭菜准备好吧。等一会儿，叔叔他们一家就到了。

   问：女的想让男的做什么？

Hörverständnis 4

4. 男：小红，把这碗面条给奶奶拿过去。

   女：我马上就来。

   男：筷子别忘了！拿好了，小心，注意脚下！

   女：嗯，知道了！

   问：小红要去做什么？

5. 男：我听新闻说，最近南方一直刮大风。

   女：真的吗？影响大吗？

   男：我已经给家里打过电话了，他们都好。

   女：那我就放心了。

   问：男的为什么要给家里打电话？

Lösung H4-08

1. 女：这是什么？

   男：给你的礼物！打开看看吧！

   女：什么东西，包得这么好。我不敢相信，一定很贵吧！

   男：你喜欢就好。我叫你出来，想问你，你愿不愿意跟我结婚？

   问：男的在做什么？

2. 男：我打算最近去买辆新车。

   女：是吗？为什么？

   男：我觉得上班太不方便了。从我住的那条街到公司要走很长一段路才到地铁站。

女：我同意！以后你来接我上班，好吗？

问：男的为什么要买辆车？

3. 男：春节快要到了。公司准备举行一个晚会。你表演一个节目吧？

女：让我表演节目不行。我没有什么特别的爱好。

男：年轻人都有一点爱好的。唱个歌，跳个舞，什么都行。

女：我就和大家一起唱歌吧。

问：女的最后决定做什么？

4. 男：我发现你的邻居特别可爱！

女：怎么呢？

男：每次遇到她，她都穿着那条跟你一样的裙子。

女：不会吧！这你都注意到了！是不是爱上她了？

问：女的是什么意思？

5. 男：我下个月跟你一样，要去西北那个城市检查工作。

女：真的吗？

男：你了解那个城市吗？那里的天气怎么样？

女：那里的天气我们不习惯。有太阳的时候，就很热，没有太阳的时候，一下就变得很冷。注意多穿点衣服，小心感冒。你不用担心，这个季节去还行。

问：那个城市的天气怎么样？

Lösung H4-09

1. 女：你说我昨天在银行遇到了谁？遇到了李经理的妻子。

   男：那有什么奇怪的？

   女：不是现在的，是以前的。

   男：她不是带着孩子搬走了吗？

   问：女的遇到了谁？

2. 男：妈妈，我明天要参加学校举行的春季运动会。

   女：我早知道了。看，妈妈给你买了什么？

   男：我最喜欢的一双跑鞋。谢谢妈妈！

   女：明天比赛穿上它，一定能拿个好成绩。

   问：儿子要参加什么比赛？

3. 男：这家饭店在这个城市很有名。虽然不是很便宜，但是菜做得好吃，非常新鲜。

   女：那我们就在这里吃好了。

   男：这是菜单，你来选择吃什么吧！

   女：你对这里了解，还是你来点吧！

   问：这家饭店怎么样？

4. 男：好饿啊！我先吃块面包再说。

   女：不行，先洗手，再吃。

   男：我们又没有出去，洗什么手啊！

   女：要有一个好习惯。吃东西前，一定洗手。

Hörverständnis 4

问：从这段对话里，我们可以知道什么？

5. 男：上课的时候，你不看黑板，也不听老师讲课。你在做什么？

   女：老师，我头很疼。

   男：你的脸也很红。一定是发烧了。去校医那儿看看吧！

   女：我下课就去！

   问：女孩子要去哪儿？

Lösung H4-10

1. 女：吃饭的时候不要看东西。

   男：马上就看完了。

   女：今天有什么重要的新闻吗？

   男：没什么特别的。

   问：男的在看什么？

2. 男：你弟弟生日是哪天？

   女：是这个星期四。但是他想让大家星期六再过来玩。

   男：没问题。今天几号？

   女：十一月八号，星期一。

   问：女的弟弟的生日是什么时候？

3. 男：你还要用多久？

   女：再一会儿，我还要看一下电子邮件。

男：行，你快一点，我想上网看看。

女：你还是先看看电视吧。

问：女的现在正在做什么？

4. 男：听别人说，你姐姐要结婚了？

女：是啊，和小王的哥哥。你也认识的，他以前也在你们学校，但是，不在你们班，比你们高几年级。

男：啊，我记得他。他那时候成绩很好的。

女：他哥哥现在和我在一个公司工作。

问：女的和小王的哥哥是什么关系？

5. 女：公共汽车还有多长时间才到啊？

男：我怎么知道，我又不是这辆车的司机。

女：我们都快迟到了，儿子还在火车站等着我们呢。

男：那就叫出租车吧！

问：男的和女的是什么关系？

Lösung H4-11

1. 女：请问，这位先生，您有什么要求？

男：我希望找离公司近一些的，一定有厨房和洗手间。最好，离地铁站也不远。

女：每个月多少钱呢？

男：每个月最多两千元。

问：女的最可能是做什么工作的？

Hörverständnis 4

2. 女：我们从大路走吧！我知道，前面那条街有一条狗。

   男：我不知道你还害怕狗呢。

   女：是一条很大的狗，叫的声音可大了。你见了，也会害怕的。

   男：走大路很有一点儿远呢。不过，边走边和你说话，时间会很快过去的。

   问：男的是什么意思？

3. 女：我的太阳眼镜呢？

   男：不着急。你在包里好好找一下。

   女：包里没有。不好，我把它忘在公园的长椅子上了。

   男：我们马上回去拿吧！我跟他们说一说，最好不用再买票就让我们进去。

   问：女的把什么忘了？

4. 女：买鞋子真难啊！花了一个下午，也没有买到想要的。

   男：怎么难了？

   女：漂亮的穿着不舒服，穿得舒服的又不漂亮。

   男：舒服才是最重要的。漂亮是给别人看的。

   问：男的是什么意思？

5. 女：差一分钟，我们没有坐上最后一班地铁。这可怎么办呢？

   男：又没有公共汽车回去。街上一辆出租车也没有。我们只有在这里住宾馆了。

   女：这是一个好机会，可以看一看这里的宾馆好不好。

男：只有这样了。

问：他们为什么要住宾馆？

Lösung H4-12

1. 女：我好饿啊！冰箱里还有没有吃的？

   男：你自己看吧！我早上看的时候还有半块蛋糕，一瓶牛奶。

   女：我昨天买的果汁呢？

   男：被我喝了。对了，厨房里的盘子上还有一块面包。

   问：冰箱里有什么东西？

2. 男：我发现我太胖了。我决定，从今天开始锻炼身体。

   女：你现在才觉得啊！我早就发现了。

   男：可是，我总是没有时间锻炼。

   女：我看不用了，少喝一些啤酒就行了。

   问：女的是什么意思？

3. 女：这张照片真漂亮啊！天这么蓝，山这么绿，天上的云也那么白，是在哪里照的？

   男：去年和朋友爬山的时候照的。那时候还不认识你呢。如果认识你了，一定也会带你去的。

   女：以后我们再去那儿玩吧！

   男：没问题！

   问：从这段对话里，我们可以知道什么？

Hörverständnis 4

4. 女：我们坐得又不远，黑板上的字我怎么看不清楚？

   男：是不是你的眼镜太旧了？

   女：我才换了新眼镜呢。

   男：我觉得可能是老师的字写得太小了。下了课，跟他说说吧！

   问：他们为什么看不清楚黑板上的字？

5. 女：我发现字典的作用很大。

   男：有什么作用，你说说看？

   女：不但能帮助我们认识汉字，还能让我们了解一个字还有很多其他的意思。

   男：说得很对！

   问：女的从字典上学到了什么东西？

Lösung H4-13

1. 女：我明年打算学习结束以后就结婚，爸爸你说呢？

   男：是不是应该找到工作再说呢？

   女：先结婚，再找工作，也一样吧？

   男：我看不一样。

   问：男的是什么意思？

2. 女：您的要求对我们来说有一点儿高。但是，我们相信，我们会努力去做，让您满意的。

   男：有您这句话，我就放心了。

   女：我们希望您能再给我们几天时间。

男：这个没问题。

问：男的是什么意思？

3. 女：昨天我在电视新闻里看到一年级三班的黄静同学了。

　　男：是吗？她为什么上电视了？是不是她又去参加表演了？

　　女：你不知道吗？她又拿了数学比赛第一名。

　　男：这不奇怪。这个孩子数学好，而且音乐也很好。

　　问：黄静是一个怎么样的孩子？

4. 女：你来看看你以前读小学的地方吧！

　　男：这里变化真大啊！我几乎认不出来了，更不敢相信我以前就是在这里上的小学。

　　女：那时，人没有现在这么多，车辆也比较少，比较安静。

　　男：现在学校还很有名吗？

　　问：那时小学附近是什么样？

5. 女：你孩子的数学怎么这么好？是不是很聪明啊？

　　男：哪里！哪里！他们班的老师教得好，给孩子们很多很好的练习。

　　女：你儿子自己也一定很努力。

　　男：他对数学比较感兴趣。他的桌子上几乎都是关于数学复习的书。

　　问：男的儿子数学为什么这么好？

Hörverständnis 4

Lösung H4-14

1. 女：机会来了，不要放过。

   男：说得不错！

   女：这次去北京参加比赛不是一个很好的机会吗？

   男：可是，没有准备，机会来了，也只有放过了。

   问：男的是什么意思？

2. 女：用筷子吃饭，其实不难，但是，也不是那么简单。

   男：你怎么用得那么好呢？

   女：多练习就行。

   男：你先教教我吧！我都不知道怎么拿筷子呢。

   问：从他们的对话里，我们可以知道什么？

3. 女：天变长了。春天快到了。

   男：天"长"了是什么意思？

   女：就是说，白天的时间长了，天黑得晚了。

   男：我明白了。就是说，晚上的时间短了，白天的时间长了。

   问：天"长"了是什么意思？

4. 男：小明的弟弟长得怎么样？

   女：头发比他哥哥的长，眼睛又黑又大，脸比较瘦。

   男：他长得像谁？

   女：很难说，鼻子像他爸爸那样高，是一个很漂亮的小孩。

   问：小明的弟弟长得怎么样？

5. 男：我们想在上面写八个字，就写："生日快乐，身体健康！"

   女：是给老人的吧！？

   男：是的。

   女：只写"祝您身体健康"怎么样？没有那么多地方写，或者，你们可以买一个大的。

   问：女的有可能是做什么工作的？

Lösung H4-15

1. 女：我对这双鞋太满意了。

   男：你满意就好！

   女：比昨天看的那一双还便宜，才花了六百五十块。

   男：是啊！便宜了一百三十五块呢。我又可以买一双鞋了。

   问：昨天那双鞋要多少钱？

2. 女：对不起，年轻人，你能不能帮我把上面的那件衬衫拿下来看一看？

   男：您问我吗？

   女：是啊！

   男：对不起，阿姨，我不是这里卖东西的。

   问：男的是什么意思？

3. 男：这两把伞我都喜欢，不知道买哪把好。

   女：我喜欢这把短的。小，拿起来方便。而且，像绿苹果一样的颜色，我觉得也很好看。

男：男的打把绿伞，不太好吧？！

女：这有什么关系。下雨的时候，都低着头走路，不好找人。绿色很远就能看得见。好找！

问：根据这段对话，我们可以知道什么？

4. 女：孩子才六岁，你让他一个人走去上学，你不担心吗？

男：没关系，我想锻炼锻炼他。

女：如果他找不到路了，怎么办呢？

男：不会的。我带过他走过几次。他不知道，其实，我一直在后面跟着他呢。

问：根据这段对话，我们可以知道什么？

5. 女：对不起，李经理，今天是我第一天来上班，可能太慢了，没有做完这些工作。

男：没有关系，慢慢来。刚开始，是需要时间了解这里的工作的。

女：我明天中午把你要的东西给你，行吗？

男：没问题。你放到我的桌子上，就行。

问：女的为什么没有做完工作？

Lösung H4-16

1. 女：你去医院检查身体了吗？

男：检查了！

女：医生怎么说？

男：他说，你丈夫的身体很健康。

问：男的是什么意思？

2. 女：你这次数学考得怎么样？

男：还行。错了两道题，考了95分，是班上第三名呢！

女：是吗？上次只考了85分，妈妈真为你担心。

男：上次主要是因为我没有好好复习。

问：男孩子做错了几道题？

3. 女：你看见了吗？我的钱包就在桌子上。

男：没有啊！桌子上只放着一个盘子和一个碗，还有…

女：还有什么？不就在它们中间吗？

男：哦，那是你的钱包啊！我还以为是旧报纸呢！

问：钱包在哪里？

4. 男：天真热啊！我买了一个大西瓜。

女：这么大，怎么吃啊？

男：这有什么难的？分着吃，吃不下，放到冰箱里。明天再吃。

女：怎么分啊？就我们三个人。爷爷奶奶都不在家。

问：根据这段对话，我们可以知道什么？

5. 女：请问，去动物园怎么走？

男：从这里一直向前走，到了红绿灯，再向右走，不远就是汽车站。坐301路汽车一站就是。

女：太谢谢了！

男：不客气。

问：怎么去汽车站？

Lösung H4-17

1. 女：这里是 20178 服务员为您服务。请问，您查哪里的电话？

    男：我想问一下，音乐学校的电话号是多少？

    女：请您记好。音乐学校的电话是 8979 1878。

    男：谢谢您！

    问：音乐学校的电话号是多少？

2. 女：别影响爸爸睡觉。

    男：可是，我只想进去拿一下电子字典。

    女：你轻轻开门，小声一点儿。

    男：好。

    问：孩子要去做什么？

3. 女：看球就看球，叫什么叫！

    男：他们在干什么呢？还不进球！这么好的机会。

    女：你上去踢一踢，看看。你就比他们踢得好吗？

    男：我当然没有他们踢得好，我又不是运动员。

    问：他们在做什么？

4. 医生： 十五床的病人现在怎么样？

女： 她感觉好多了，只是觉得眼睛有一点儿干。

医生： 你晚上给她点一下这个眼药水。

女： 好，知道了。

问： 根据这段对话，我们可以知道什么？

5. 女：你怎么没有回我的邮件？

男：是吗？我好久没有看我的电子信箱了。

女：你不是天天看吗？

男：我有两个电子信箱。不知道，你发到哪一个上面。

问：根据这段对话，我们可以知道什么？

阅读，第一部分

Leseverständnis 1

Die Aufgaben des Leseverständnisses 1 bestehen aus zehn Sätzen, von denen jeweils zwei Sätze ein Satzpaar bilden. Die Aufgabe besteht darin, alle Satzpaare korrekt zuzuordnen.

Hier ein Beispiel mit drei Satzpaaren:

A 他们两个人在问路。

B 他在哪儿呢？你看见他了吗？

C 你看，她叫王小雨。

1. 他还在教室里学习。ロ

2. 中国人的姓在名字的前面。ロ

3. 我们要去北京大学，请问怎么走？ロ

Die Lösung ist:

1B, 2C, 3A

Leseverständnis 1

Übung L1-01

A 为什么你的历史成绩总是那么好？

B 我口很渴，冰箱里有什么喝的吗？

C 是啊，这里的变化太快了。

D 阿姨的办公室里怎么放着这么多的葡萄，香蕉，和苹果啊？

E 你知道明天叔叔和阿姨在我们街道附近的宾馆结婚吗？

1. 我以前离开这个城市的时候，还没有地铁呢。 ☐
2. 最近她觉得自己太胖了，所以经常只吃水果。 ☐
3. 因为小时候我奶奶经常给我讲历史故事。 ☐
4. 对了，我几乎快忘了。 ☐
5. 你自己找找看，我记得只有果汁了。 ☐

答案：1C, 2D, 3A, 4E, 5B

Leseverständnis 1

Übung L1-02

A 我可以一起去吗？我带上我的照相机。

B 我们在学校还是在公园练习普通话，你决定了吗？

C 那是我阿姨。那时，她还很年轻。

D 报纸上的这一个短新闻里，我有几个词语不很明白。

E 真的吗？我还担心有些地方不够好。

1. 你先查查字典吧。可能，你自己就会慢慢读懂它的。 ☐

2. 我和邻居打算这个周末去附近的花园照相。 ☐

3. 我发现这边的云越来越黑，看来要下雨了。我们就别去公园了吧。 ☐

4. 这张照片是你结婚的时候照的吗？站在中间的那位是谁？ ☐

5. 经理对你在晚会上的表演满意极了。 ☐

答案：1D, 2A, 3B, 4C, 5E

Übung L1-03

A 你的帽子真可爱，是在哪里买的？

B 除了菜单里的菜，我们还能点其它的吗？

C 你洗澡能快一点儿吗？客人已经等了很久了。

D 你还是带上地图吧。有了地图就很容易找到。

E 已经去过了。我发现那里的季节变化和我们这里的不一样。

1. 不要着急，我马上就好了。 ☐
2. 我想问一下，你住的地方怎么走？ ☐
3. 我在办公室附近的超市里发现的。我很喜欢，就买下了。 ☐
4. 你去过中国的北方吗？ ☐
5. 他们在饭馆吃饭。 ☐

答案：1C, 2D, 3A, 4E, 5B

Leseverständnis 1

Übung L1-04

A 这个国家的啤酒很有名。你喝过这么好喝的啤酒吗？

B 你再这样，哭也没有用。这是这个冬天第三次给你买帽子了。

C 说不想，不是真的。我的年轻时间都是在那里过的。

D 好的。我现在可以告诉大家了吗？

E 还没有。我发现那里的环境不很好，空气不很新鲜。

1. 妈妈生气了，因为孩子总是忘东西。 ☐
2. 你真的决定搬到那里去吗？ ☐
3. 你想那个地方吗？ ☐
4. 当然了，我在那里读过书，住过很长时间呢。 ☐
5. 因为这个宾馆的环境很好，所以，校长决定在那里举行会议。 ☐

答案：1B, 2E, 3C, 4A, 5D

Leseverständnis 1

Übung L1-05

A 小妹的生日快到了。你打算送她什么生日礼物？

B 他们自己没有时间打扫，就请别人帮忙打扫。

C 这个周末我先去超市买了菜，然后去爷爷奶奶家给奶奶过了生日。

D 我打算这几天就离开这里。我过来跟你说再见。

E 很奇怪！叔叔每个周末都不在家。

1. 因为他发现自己太胖了。为了让自己瘦下来，他决定去爬山。 ☐

2. 我发现这个国家的人很爱干净。 ☐

3. 他在说他怎么过周末。 ☐

4. 她喜欢马。我打算买一本关于马的书给她，或者，带她去骑一次马。 ☐

5. 这也太突然了。你怎么不早说呢。 ☐

答案：1E, 2B, 3C, 4A, 5D

Leseverständnis 1

Übung L1-06

A 这个周末你去图书馆借书的时候，方便帮我把这三本书还了，可以吗？

B 那时候，没有手机，也没有电话。读信就像见面一样。

C 你怎么又站不起来了？是不是你的腿又疼了？

D 告诉我你孩子在几年级几班。我下了班就去接她。

E 你接到我的短信了吗？是刚才给你发的。

1. 终于接到他的回信，看着他漂亮的字，她的脸都红了。　☐
2. 没问题。我走以前，给你打个电话，怎么样？　☐
3. 你知道的，我可不会给你回。我觉得还是打电话快。　☐
4. 不是，只是坐久了。　☐
5. 他让同事去学校接他的孩子。　☐

答案：1B, 2A, 3E, 4C, 5D

Leseverständnis 1

Übung L1-07

A 爷爷离开以后，这条狗一直没有人照顾，所以，我就把它送给了邻居。

B 他总是一边做作业，一边听音乐。这样的习惯很不好，会影响他的学习的。

C 饭前洗手，睡觉前刷牙。要在孩子很小的时候教给他们。

D 别再难过了。过去的事就让它过去吧。以后还会有机会的。

E 今天请你们来，主要是向你们介绍一下这段时间小明在学校做的一些事情。

1. 从小要有一个好习惯。 ☐
2. 这次数学比赛成绩这么差。我觉得很对不起老师。 ☐
3. 他们正在开一个会。参加会议的人只有老师和孩子的爸爸妈妈。 ☐
4. 我也很喜欢它。看到它，就想起爷爷，心里总是很难过。 ☐
5. 现在的孩子都是这样。我们又不能每时每刻都跟着他们。说了他们，他们也不听。 ☐

答案：1C, 2D, 3E, 4A, 5B

Leseverständnis 1

Übung L1-08

A 他自己没有讲清楚,还怪我们没有认真听。想着就不舒服。

B 你知道"先易后难"是什么意思吗?

C 我看他要变一下他办事的方法才对。

D 钱不是问题,问题是没有钱。

E 我看,不是身体上的问题。是他担心他的女朋友会不会离开他。

1. 他总是喜欢把简单的事先做,把他认为难的事放在最后做。最后没有时间了,就着急起来。

2. 只有懂了汉语,才能了解汉语好笑的地方。像上面的一个句子,我就觉得很好玩。

3. 在考试的时候,先把简单的题做了,再做难的题。这样该拿到的分就拿到了。

4. 你觉得生气能解决问题的话,你就接着生气吧。

5. 最近他觉得不很舒服,脸色很难看,不想吃饭,也睡不好觉,也没有兴趣去工作。

答案:1C, 2D, 3B, 4A, 5E

Übung L1-09

A 我没动你的苹果。

B 你们家有几口人?

C 别生气了。现在快想办法吧!

D 我们一共三个人,都想去。

E 把他没有办法,没有一分钟不动的。

1. 别踢你的腿,吃饭就好好坐着吃。 ☐
2. 可是,我们只有两张门票。 ☐
3. 也怪我,太相信他了。 ☐
4. 我们家有三口人,爸爸,妈妈和我。 ☐
5. 这是谁吃了一口,又不把它吃完。 ☐

答案:1E, 2D, 3C, 4B, 5A

Leseverständnis 1

Übung L1-10

A 刚才吃的时候，没有吃饱。

B 山上有小树，山下有大树。

C 可是，现在的年轻人经常晚上工作得很晚，才吃饭，而且吃得很多。

D 上山容易，下山难。

E 为了照相漂亮，很多女孩子都爱这样穿。

1. 为什么会是这样呢？ ☐
2. 爬山的时候，不应该穿这么高的鞋子。 ☐
3. 刚吃完饭，怎么又饿了呢？ ☐
4. 早上要吃好，中午要吃饱，晚上要吃少。 ☐
5. 我不知道，哪个更大，哪个更小。你能告诉我吗？ ☐

答案：1D, 2E, 3A, 4C, 5B

Leseverständnis 1

Übung L1-11

A 你在那里看什么呢？

B 我不习惯在中国去洗手间。

C 特别是穿上红衣服，颜色很亮。

D 有些字有自己的意思，但又可能是人的姓名。

E 大家都特别照顾她。

1. 我经常忘带纸，不知道该怎么办才好。 ☐
2. 雪下得真大啊！雪花一片一片的，漂亮极了！ ☐
3. 因为她刚从中国来，对这里很不习惯。 ☐
4. 照片照得真好啊！ ☐
5. 刚开始读汉语报纸的时候很不习惯。 ☐

答案：1B, 2A, 3E, 4C, 5D

Leseverständnis 1

Übung L1-12

A 我的老花眼镜呢？

B 除了小关生病没有来，办公室其他的人都到了。

C 除了他们班的老师知道，孩子的爸爸妈妈也知道。

D 不是坏了吧！？

E 花了大半天时间，等到我了，他们又要休息了。

1. 这样看来，只有三个人知道这件事了。 ☐

2. 买这张票真不容易啊！ ☐

3. 我早上把车送到车行检查去了。 ☐

4. 不用找了，就在你的鼻子上。 ☐

5. 那就是说，你们只差一个人了，对吗？ ☐

答案：1C, 2E, 3D, 4A, 5B

Übung L1-13

A 是先有鸡，还是先有蛋？

B 哪里哪里！

C 谢谢了！

D 没有车的人想车，有车的人又想去锻炼身体。我看，每天骑自行车就是最好的锻炼。

E 太客气了！我都不好意思了。

1. 世界上有很多事情让人不明白，也不需要明白。☐

2. 这是张司机叫我给你送的票。☐

3. 你的汉语说得越来越好了。☐

4. 这个问题谁也说不清楚。☐

5. 你拿着吧！看你帮了我们这么多忙，都不知道怎么谢谢你才好。☐

答案：1D, 2C, 3B, 4A, 5E

Leseverständnis 1

Übung L1-14

A 我今天起晚了一点儿，差一点儿没有坐上这班车。

B 我也不想。路上的车太多了，几乎走不动。

C 你再等我几分钟吧。我差一点儿就看完了。

D 今天才奇怪呢。下午上课的时候，差不多一半的学生都迟到了。

E 不知道为什么，他这几天总是不说话，不高兴的样子。

1. 你都说了好几次了。还有多长时间啊？ ☐
2. 可能是担心他的女朋友。 ☐
3. 这可不是一件好事。他们说了为什么吗？ ☐
4. 你怎么又迟到了。今天的会议那么重要，你都敢迟到。 ☐
5. 他这次没有迟到。 ☐

答案：1C, 2E, 3D, 4B, 5A

Übung L1-15

A 孩子放学了，有没有人去接他？

B 我还是去接一下吧。

C 现在我知道了，为什么昨天给你打电话没有人接。

D 你过来看一看这张画。

E 你认真地看一看，再想一想。月亮下有一条小河，河上是一只小船，船上是一把红伞。伞下是什么呢？

1. 你一个人在那里笑什么啊？ ☐
2. 这上面怎么没有人？ ☐
3. 不用了，他认识回家的路。 ☐
4. 不接不行。他的包多，腿脚也不方便。 ☐
5. 我把你的手机号记错了。 ☐

答案：1D, 2E, 3A, 4B, 5C

Leseverständnis 1

Übung L1-16

A 我给他介绍一个女朋友，怎么样？

B 那个经常来看他的女孩子是不是他的女朋友啊？

C 太阳从西边出来了？

D 节目单已经发出去了，不能有什么变化了。

E 课桌上放满了给老师的鲜花。

1. 可是，我们把开始的时间写错了。 ☐
2. 今天怎么知道要打扫房间了？ ☐
3. 我问过他，他说，他们只是普通朋友。 ☐
4. 教师节的那一天，学校来了很多人。 ☐
5. 你怎么那么关心他呢？ ☐

答案：1D, 2C, 3B, 4E, 5A

Leseverständnis 2

Die Aufgaben des Leseverständnisses 2 bestehen aus Sätzen oder kurzen Dialogen, in denen Satzlücken eingebaut sind. Die Satzlücken müssen aus einer Menge vorgegebener Begriffe gefüllt werden. Jeweils sechs Sätze oder Dialoge bilden einen Prüfungsblock.

Hier ein Beispiel mit drei Sätzen und Satzlücken:

A　茶　　　　　B　医院　　　　　C　工作

1. 我在飞机上喝了很多的（　　）。

2. 我朋友在（　　）呢。

3. 这家（　　）有九十个医生。

Die Lösung ist:

1. 我在飞机上喝了很多的（ A ）。

2. 我朋友在（ C ）呢。

3. 这家（ B ）有九十个医生。

Leseverständnis 2

Übung L2-01

A 低   B 矮   C 班

D 半   E 碗   F 万

1. 只有不到一（   ）的人不同意,很多人都表示愿意这样做。

2. 我把新买的（   ）放到厨房里了。

3. 他跑一（   ）五千米最快。

4. 小李已经回去了,她今天上早（   ）。

5. （   ）年级的学生是昨天参加表演的。

6. 新来的经理不很高。但是,也不是很（   ）。

答案：1D, 2E, 3F, 4C, 5A, 6B

Übung L2-02

A	办法	B	几乎	C	机会
D	记得	E	其实	F	其他

1. 为了使环境变得更好，他们想出了很多的 (　　)。

2. 帮助别人，(　　) 也是帮助自己。

3. 你怎么不 (　　) 她了呢？她是我们班最漂亮的女生。

4. 他很想出国学习，可是总没有 (　　)。

5. 黑色的碗都卖完了，(　　) 颜色的还有。

6. 他虽然只有四岁，但 (　　) 和他姐姐一样高。

答案：1A, 2E, 3D, 4C, 5F, 6B

Leseverständnis 2

Übung L2-03

| A | 非常 | B | 特别 | C | 经常 |
| D | 久 | E | 极了 | F | 旧 |

1. 白衬衫要 ( ) 洗，才不会变黄。

2. 现在的人，( ) 是年轻人，很多不了解历史。

3. 从中秋节到现在，天很 ( ) 没有下一点儿雨了。

4. 我丈夫做事 ( ) 认真，是一个让人放心的人。

5. ( ) 了的东西不一定就坏了，还能用呢。

6. 他要离开这里。他的女朋友难过 ( )。

答案：1C, 2B, 3D, 4A, 5F, 6E

Übung L2-04

A 选择   B 解决   C 了解
D 明白   E 终于   F 打算

1. (　　) 这个问题的办法很多，就看你怎么想了。

2. 你 (　　) 我的意思吗？

3. 我觉得 (　　) 题比较容易。但是，有的问题也很难。

4. 他对文化很感兴趣，特别是对这个国家的历史很 (　　)。

5. 你要做好最坏的 (　　)。

6. 他 (　　) 不再哭了。

答案：1B, 2D, 3A, 4C, 5F, 6E

Leseverständnis 2

Übung L2-05

A 刚才　　　　B 才　　　　C 就

D 还　　　　　E 差　　　　F 只

1. 别总问这么多问题。(　) 不多，就行了。

2. 你还记得我们 (　) 去的地方叫什么名字吗？

3. 他在外面吃得很饱。在他叔叔家 (　) 喝了一杯咖啡。

4. (　) 不要告诉他。等他回来再说。

5. 都十点一刻了，会议 (　) 开始。

6. 因为过节，银行昨天早上八点 (　) 开门了。

答案：1E, 2A, 3F, 4D, 5B, 6C

Leseverständnis 2

Übung L2-06

A 被　　　　　B 把　　　　　C 使
D 为　　　　　E 位　　　　　F 像

1. 那（　　）先生，请您帮帮忙，好吗？

2. 如果你有孩子了，也会（　　）孩子担心的。

3. 这个房间（　　）谁打扫得这么干净？

4. 妈妈给孩子讲了很多话，还给他吃了糖，终于（　　）他安静了下来。

5. 眼睛画得太黑了，看起来（　　）个熊猫一样。

6. 高小姐（　　）明天大家去旅游要用的东西都准备好了。

答案：1E, 2D, 3A, 4C, 5F, 6B

Leseverständnis 2

Übung L2-07

A 给   B 更   C 跟

D 根据   E 帮忙   F 帮助

1. 住在这里比以前那个地方 (　) 方便。

2. 这个李经理才不会 (　) 我们说的来做决定呢。

3. 爷爷要过生日了。你准备 (　) 他送什么礼物？

4. 别 (　) 邻居的孩子学。他们只知道在外面玩。

5. 机场的服务员很热情，给了这位老奶奶很大的 (　)。

6. 张校长，太谢谢您了。您真 (　) 了我们大 (　)。

答案：1B, 2D, 3A, 4C, 5F, 6E

Übung L2-08

A 一般   B 一样   C 一会儿
D 一共   E 一直   F 一定

1. 时间过得真快，你女儿都长得跟你（　　）高了。

2. 小明只玩了（　　）游戏，就去做作业了。

3. 他学习（　　）很努力。能上这么好的大学，一点也不奇怪。

4. 两条裙子，一条裤子，（　　）只花了不到两百块。

5. 这件事（　　）是你做的。不是你，是谁呢？

6. 他周末（　　）不在家。他常常和朋友去踢足球。

答案：1B, 2C, 3E, 4D, 5F, 6A

Leseverständnis 2

Übung L2-09

A 必须 B 应该 C 愿意

D 如果 E 而且 F 敢

1. 没有人（　）说自己的普通话说得最好。

2. 我（　）为你在这个城市努力找工作。

3. （　）我早发现了这个问题，就好了。

4. 这个房间又大又干净，（　）外面还有一个花园。我很满意。

5. 明天就要考试了，我今天（　）努力复习了。

6. 已经过了一个小时了，他也（　）到家了。给他打个电话吧！

答案：1F, 2C, 3D, 4E, 5A, 6B

Übung L2-10

| A | 当然 | B | 虽然 | C | 然后 |
| D | 以后 | E | 突然 | F | 以前 |

1. 他的普通话说得很好，(   ) 他很长时间没有去中国了。

2. 你让我去，我 (   ) 去了。明天是你的生日。

3. 他下了班，回到家，第一件事就是上网，(   ) 才开始做饭。

4. (   ) 的事，我没有忘记过。可是，你也别再说了！

5. 昨天晚上，天上没有月亮。我一个人走回家，(   )，我发现后面有一个人跟着我，我开始有一点儿害怕了。

6. 我弟弟去了北京 (   )，给我们写了几次信。

答案：1B, 2A, 3C, 4F, 5E, 6D

Leseverständnis 2

Übung L2-11

A 又 B 再 C 也
D 还是 E 还 F 坏

1. 李医生，(　) 喝一杯绿茶，好吗？

2. 你怎么 (　) 玩这个游戏了？你不是说不玩了吗？

3. 你不要问我，我 (　) 不知道怎么解决这个问题。

4. 今天电梯突然 (　) 了，我们只能爬楼梯。

5. 你想喝啤酒，(　) 喝果汁？

6. 到现在，我们 (　) 没有看到希望。

答案：1B, 2A, 3C, 4F, 5D, 6E

Übung L2-12

A	认为	B	为了	C	因为
D	以后	E	以为	F	已经

1. 我阿姨做的蛋糕非常好吃，我还 (　　) 是买来的。

2. 她的爱好是唱歌，而且唱得很好，(　　) 可以去其他地方表演。

3. 我今天突然感冒了，可能是 (　　) 天气变化太快了。

4. 天气很热，(　　) 让小明更好地复习，叔叔在房间里装了空调。

5. 现在 (　　) 不像以前了，人们更想有一辆自己的车。

6. 对这件事，我不这样 (　　)。

答案：1E, 2D, 3C, 4B, 5F, 6A

Leseverständnis 2

Übung L2-13

A　害怕　　　　B　担心　　　　C　头疼

D　放心　　　　E　难过　　　　F　难

1. 经理决定把这件事让小黄去做，因为他对小黄很（　　）。

2. 我叔叔很（　　）他的两个孩子，怕他们在国外过得不好。

3. 选礼物总是让我（　　），不知道送什么，别人才会喜欢。

4. 你想让一个孩子做他不想做的事，真（　　）。

5. 每次想起爷爷离开的时候，他总是（　　）得哭起来。

6. 我的儿子虽然很小，但是一点儿也不（　　）动物，特别喜欢让我带他去动物园玩。

答案：1D, 2B, 3C, 4F, 5E, 6A

Übung L2-14

A 附近   B 最近   C 主要
D 重要   E 需要   F 最晚

1. 女：请问，这（　）有没有地铁？
   男：有的。向前再走差不多 50 米，你就看见了。

2. 女：我（　）没有看见小红来办公室，她是不是生病了？
   男：没有。她在北京有一个会议。

3. 女：这个小故事，你（　）明天把它想出来，行吗？
   男：明天可能很难。

4. 女：你今天怎么这么早就上床睡觉？
   男：我明天早上八点一刻就有一个很（　）的会议。

5. 女：昨天，经理在会议上（　）讲了些什么？
   男：你昨天没有去参加会议吗？

6. 女：我下个星期去北京。你（　）什么，我给你带。
   男：太谢谢了。让我先想想，再告诉你。

答案：1A, 2B, 3F, 4D, 5C, 6E

Leseverständnis 2

Übung L2-15

A	客人	B	客气	C	生气
D	兴趣	E	眼睛	F	眼镜

1. 女：从图书馆借的书在家里放了这么久。还不还了？
   男：（　　）什么（　　）啊，我今天放了学就去还。

2. 女：这个照相机我不能要。这个礼物太大了。
   男：你就别（　　）了。

3. 女：你怎么会对音乐没有（　　）呢？你妈妈还是音乐老师呢。
   男：这有什么奇怪的。男的和女的也不一样呢。

4. 女：你看，画上的小孩，每个有两只（　　）。说一说，它们都是什么颜色的？
   男：黄头发的小孩是黄色的。黑头发的小孩是黑色的。

5. 女：晚上睡觉的时候，不要把（　　）放在这里。
   男：放哪儿比较好呢？

6. 女：明天有（　　）要来。你把房间打扫一下吧！
   男：行。

答案：1C, 2B, 3D, 4E, 5F, 6A

Leseverständnis 2

Übung L2-16

A 件　　　　B 包　　　　C 条
D 种　　　　E 双　　　　F 层

1. 女：你的行李箱还有地方吗？
   男：应该还有。我只放了几件衬衫，两（　）裤子。

2. 女：你喜欢哪（　）？香的，还是不香的？
   男：当然是香的好了。

3. 女：我现在必须把这（　）事告诉奶奶。
   男：你告诉，我也不怕。

4. 女：这（　）是什么东西？
   男：是送给李老师的茶。不要打开。

5. 女：你们的办公室真高，像在云里一样。一共有几（　）啊？
   男：没有你说的那么高吧！

6. 男：今天的工作完成了，想怎么休息一下？
   女：没法休息。我要去超市买几（　）筷子，家里的筷子都太旧了。

答案：1C, 2D, 3A, 4B, 5F, 6E

Leseverständnis 2

Übung L2-17

A 一边　　　　　B 或者　　　　　C 越

D 段　　　　　　E 忘记　　　　　F 记得

1. 男：我（　　）你买过这双鞋子。
   女：我很喜欢这双鞋子。我又去买了第二双。

2. 男：你有什么爱好？
   女：我没什么爱好，比较喜欢（　　）打扫房间，（　　）听音乐。

3. 女：那（　　）时间我们忙得没有时间睡觉。
   男：是啊，刚有孩子的时候，我们都不知道怎么照顾他们。

4. 女：谢谢你没有（　　）我！
   男：怎么会呢！我们在一起读书的时候是我最快乐的时候。

5. 女：你们自己做决定吧！（　　）你去，（　　）小马去，都行。
   男：还是让小马去吗！

6. 男：这个问题还是先放一下吧！（　　）着急解决，（　　）想不出好办法来。
   女：也是。不想了。

答案：1F, 2A, 3D, 4E, 5B, 6C

Übung L2-18

A 认识   B 知道   C 了解
D 清楚   E 明白   F 认为

1. 男：大家要把字写 (　　)。
   女：老师，我们知道了。

2. 男：你 (　　) 这个字吗？
   女：我们还没有学呢。

3. 女：你不用担心。他是一个 (　　) 人，你对他说，他会懂的。
   男：希望是这样。

4. 女：其实，你对她不是很 (　　)，最好不要这么快做决定。
   男：那我就听你的。等等再说吧。

5. 女：对不起，我不 (　　) 你现在就能来。我还没有做好准备呢。
   男：你还需要多上时间？

6. 男：你不要 (　　) 你比别人聪明。
   女：我不是这个意思。

答案：1D, 2A, 3E, 4C, 5B, 6F

Leseverständnis 2

Übung L2-19

A 又   B 再   C 把
D 被   E 讲   F 说

1. 男：客人 这个天到机场，没有问题吧？
   女：客人今天早上就（　　）关司机送到了机场。你放心吧。

2. 男：你爸爸最近忙吗？还经常去国外（　　）学吗？
   女：今年去的少一些。

3. 女：你怎么不高兴啊？
   男：因为，我学习不努力，成绩不好，爸爸妈妈经常（　　）我。

4. 女：老李给我打电话了吗？
   男：他刚才来电话了，你不在，他说过一会儿（　　）打。

5. 女：昨天，是钟司机（　　）经理送到开会的地方的。
   男：怎么不是关司机呢？

6. 男：今天的作业不多，（　　）比较容易，一下就做完了。
   女：我们可以出去玩了吗？

答案：1D, 2E, 3F, 4B, 5C, 6A

Leseverständnis 2

Übung L2-20

A 老   B 见   C 见面

D 旧   E 低   F 矮

1. 男：你的声音太（　　）了，我听不清楚。
   女：你过来听。

2. 男：老师，我有一个朋友想（　　）你。他现在能进来吗？
   女：让他进来吧！

3. 女：你怎么买这么（　　）的菜回来，一点儿也不新鲜。
   男：可是很便宜啊！今天马上吃，我看没有问题。

4. 女：爸爸，我晚上不回来吃饭了。我要和我的几个朋友（　　）。
   男：别太晚回来了。太晚了，就叫一个出租车。

5. 女：你听过七个小（　　）人的故事吗？
   男：没有。

6. 男：我现在在一家车行工作。那里卖新车，也卖（　　）车。
   女：也就是说，我可以在那里买到二手车，是吗？

答案：1E, 2B, 3A, 4C, 5F, 6D

Leseverständnis 2

Übung L2-21

A 差   B 少   C 长
D 久   E 高兴   F 快乐

1. 男：我看你不太（　　），是不是又生谁的气了？
   女：生我自己的气。跟你没关系。

2. 男：这句话，不会说就是因为你练习得太（　　）。
   女：你说得不错。

3. 女：你看这张照片照得多好！
   男：我也觉得。我特别喜欢看我们孩子（　　）的笑脸。

4. 女：你先借我十块钱。我想买一本字典，还（　　）十块钱。
   男：没问题。

5. 女：你一定在这里等很（　　）了吧？
   男：没有，我也是刚到一会儿。

6. 男：你看这双筷子怎么样？
   女：我担心可能会太（　　）了。

答案：1E, 2B, 3F, 4A, 5D, 6C

阅读，第三部分

Leseverständnis 3

Bei den Aufgaben des Leseverständnisses 3 geht es darum, einen kurzen Text zu lesen. Anschließend muss zu einer Frage zum Text die richtige Antwort oder zu einer Bemerkung die passende Ergänzung gefunden werden. Ziel ist es zu prüfen, ob kurze chinesische Texte gelesen und verstanden werden können. In der HSK-Prüfung bilden jeweils zehn Fragen und Antworten einen Block.

Hier ein Beispiel:

1. 您是来参加今天会议的吗？您来早了一点儿，现在才八点半。您先进来坐吧。

    ★ 会议最可能几点开始。

    A 8点 　　　　　B 8点半 　　　　　C 9点

Richtig ist Lösung C:

1. 您是来参加今天会议的吗？您来早了一点儿，现在才八点半。您先进来坐吧。

    ★ 会议最可能几点开始。

    A 8点 　　　　　B 8点半 　　　　　C 9点 ✓

Leseverständnis 3

Übung L3-01

1. 李先生，北京是一个很大的城市。我们公司附近的街道上有很多很好的商店和饭馆。你可以去看看。如果你想去火车站，你可以坐地铁去。如果想回宾馆，可以打车或者坐公共汽车都行，走去就有一点儿远了。

   ★ 李先生要怎么才能回宾馆？

   A 走着去　　　　B 坐地铁去　　　　C 打车

2. 周末我们有很多事情要做。早上我们要打扫房间，下午我和爸爸一起去机场接妹妹回家，妈妈去超市买东西，晚上我想跟朋友一起去游泳。

   ★ 下午爸爸要做什么？

   A 打扫房间　　　B 去机场接妹妹　　C 去超市买东西

3. 弟弟感冒了，还有一点儿发烧。我们没有送他去医院，妈妈说不是大问题，她在家照顾弟弟就行。大家现在都很关心他。

   ★ 根据这段话，可以知道：

   A 大家都很关心弟弟　　B 爸爸在家照顾弟弟　　C 弟弟去了医院

4. 我听别人说，下个星期的考试很重要。历史考试多看书就行。数学题有点难，要多做练习。小王，你愿不愿意明天和我一起去图书馆复习？

   ★ 根据这段话，可以知道：

   A 我希望能和小王一起复习　　B 历史考试要多做练习　　C 数学题很简单

5. 为了让大家更了解中国文化，校长决定在学校举行汉语比赛。他希望同学们都能参加。

   ★ 校长为什么举行汉语比赛？

   A 为了让大家都能参加　　B 为了提高大家的汉语水平　　C 为了让大家更了解中国文化

6. 天气真热，还是去厨房喝点什么吧！啤酒在冰箱里，果汁在桌子上。虽然没有茶，但是我可以去商店买。

   ★ 茶在哪里？

   A 冰箱里　　B 桌上　　C 没有茶

7. 李先生的爱好很多。除了听音乐和上网，他还喜欢跳舞。但是他最喜欢的还是爬山。

   ★ 李先生最喜欢做什么？

   A 听音乐　　B 爬山　　C 上网

8. 最近我的身体比较差，经常生病，总是觉得累。医生说，我以后需要多锻炼，多做运动。

   ★ 我最近怎么了？

   A 身体很好　　B 经常生病　　C 经常锻炼

答案：1C, 2B, 3A, 4A, 5C, 6C, 7B, 8B

Leseverständnis 3

Übung L3-02

1. 又到这个季节了，明天又要下雨。因为你总忘记带伞，所以我放了一把在你的包里。就是那把黄色的。记得明天还给我。

   ★ 那把伞

   A 是蓝色的　　　　B 在李行箱里　　　C 是我的

2. 她女儿越来越漂亮了，长得几乎和她一样。她小时候就很可爱，也很聪明，现在成绩一定也很好吧！

   ★ 她女儿现在

   A 像她妈妈　　　　B 成绩很差　　　　C 不喜欢读书

3. 喂，妈妈！下午会议结束我就去叔叔家了，但是我把给叔叔的生日礼物忘在家里了，你过来的时候能帮我把它带过来吗？

   ★ 我让妈妈

   A 买生日礼物　　　B 来接我　　　　　C 把给叔叔的礼物带过来

4. 我走不动了，鞋子穿得太高了。脚都疼了。我们能不能在这附近马上找一家宾馆，把行李箱放一放？

   ★ 我怎么了？

   A 病了　　　　　　B 累了　　　　　　C 饿了

5. 我听说最近我们公司要来一位新经理，还是北方人。我们公司从现在开始必须都要讲普通话了。

   ★ 我们公司：

   A 现在有很多北方人　　B 新经理不会普通话　　C 现在要求讲普通话

6. 我不想再搬家了，这里多好，多方便啊！附近有超市、银行、地铁站、还有公园。周末可以去公园跑步，锻炼身体。我想我找不到能比这里的环境更好的地方了。虽然这里离公司比较远，但是我可以坐地铁，一刻钟就到了。

   ★ 我家：

   A 在公司附近　　　B 附近环境很好　　　C 坐地铁不方便

7. 黄老师，我家小明今天发烧了，不能来学校上课了。医生说，他必须在家休息几天，等病好了，才能去学校。有什么作业，您让同学带给他做。

   ★ 小明今天：

   A 在学校　　　　　B 在黄老师家　　　　C 在家

8. 根据我们宾馆的习惯，必须要等客人走了以后，才能打扫房间和洗手间。在打扫房间之前，先关掉房间里的空调。

   ★ 打扫房间必须

   A 打开空调　　　　B 先打扫洗手间　　　C 客人不在的时候

答案：1C, 2A, 3C, 4B, 5C, 6B, 7C, 8C

Leseverständnis 3

Übung L3-03

1. 王先生，您明天几点的飞机？我开车去接您。我们已经为您在我们公司附近的宾馆订了房间。到了宾馆，您可以先休息一下，或者洗个澡，到五点半的时候，我们一起跟我们经理去吃晚饭。晚饭的时候，他会给您介绍一下我们公司的历史和文化。

    ★ 王先生和谁一起吃晚饭？

    A 我　　　　　　B 经理　　　　　　C 我和经理

2. 你先吃饭吧，我突然想起来图书馆今天早一个小时关门，我今天必须把这本书还了。你吃完饭，就把碗放那儿吧，我从图书馆回来后会洗的。

    ★ 我现在必须：

    A 洗碗　　　　　B 去图书馆　　　　C 关图书馆的门

3. 中国人经常说：边学边问，才有学问

    ★ 根据这句话，我们可以知道：

    A 学习的时候需要问问题，才能学好　　B 一边学习不能一边问问题　　C 不学习就没有问题

4. 你们明天的早饭喜欢吃什么，面包还是面条？如果选择面条的话，我还得去超市买鸡蛋。面条不放鸡蛋的话，一点儿也不好吃。

    ★ 明天早饭：

    A 吃面包　　　　B 吃面条　　　　　C 还没有决定

Leseverständnis 3

5. 我打算明天回去了。这几天，在你这儿玩得很高兴。下次如果你有机会去我那儿，先给我打电话，或者给我写电子邮件。我到公共汽车站去接你，然后带你去我们那边有名的地方玩。

    ★ 我打算：

    A 回家　　　　　　B 写电子邮件　　　C 去你那儿

6. 老师，我有一个问题。你刚才讲的那段话我听得不是很明白。你讲的跟我以前了解的有些不一样，你能再给我讲一下吗？

    ★ 我不明白：

    A 老师的问题　　　B 以前的事　　　　C 老师讲的那段话

7. 雪越下越大，车又晚点，还要再等十分钟！一刻钟以后会议就要开始了，怎么办啊？

    ★ 我很：

    A 高兴　　　　　　B 着急　　　　　　C 努力

8. 人们已经开始注意，环境真的会影响天气。以前冬天我们这边还经常下雪呢，现在已经很久没有看到下雪了。

    ★ 我们这里现在：

    A 开始下雪了　　　B 冬天已经过了　　C 很久不下雪了

答案：1C, 2B, 3A, 4C, 5A, 6C, 7B, 8C

Leseverständnis 3

Übung L3-04

1. 你这个节日不工作吧？如果有时间，到我们家来，跟我们一起过吧。我们可以一起去超市买一点儿东西，然后自己在家做蛋糕。你看怎么样？

   ★ 我们想这个节日：

   A 在家做蛋糕　　　B 工作　　　　　C 一起出去玩

2. 小明，你不是刚吃完糖吗？怎么没有刷牙就去睡觉了啊？以后牙又疼了，可不要哭啊！

   ★ 小明：

   A 没有吃糖　　　　B 没有刷牙　　　C 没有哭

3. 这双鞋虽然很漂亮，可我不能再穿了，每次走路走得长一些，我的脚就疼得不行，必须换双新的了，大一点儿的。

   ★ 这双鞋：

   A 太小了　　　　　B 太大了　　　　C 穿坏了

4. 我们的城市很大，很难找到东南西北。不过有一条河从西穿过这个城市。如果你带上地图，先在地图上找到这条河，就不会有问题了。

   ★ 我们的城市：

   A 在地图上找不到　B 有一条河　　　C 有问题

5. 我们楼的电梯已经坏了一周了，也没人来解决。这个星期上下楼真是不方便，每次都跟爬山一样，以后再也不住高层了。

   ★ 从这段话，我们知道：

   A 这个星期我爬山了。　B 我住的是高层　C 我们楼没有电梯

6. 我很担心我们家小冬的学习成绩。他虽然很聪明,但是学习一点儿也不努力。他的兴趣一点儿也不在学习上,就知道上网,玩游戏,太影响学习了。这次数学考试,他的成绩又很差,我不能再让他玩电脑了。

   ★ 小冬为什么不爱学习?

   A 我不让他玩游戏　　B 很聪明　　C 没有兴趣学习

7. 这条裙子是很好看,我也很喜欢,不过就是有点儿短。您如果能再给我便宜一点,我就买下了。

   ★ 这段话很可能出现在:

   A 商店　　B 超市　　C 宾馆

8. 你是第一次来中国吗?我很奇怪你用筷子可以用得这么好!你是在哪里学的?我们中国人小时候也要用很长时间来学怎样用筷子呢。

   ★ 我奇怪:

   A 你来中国　　B 你会用筷子　　C 中国人要用很长时间学用筷子

答案:1A, 2B, 3A, 4B, 5B, 6C, 7A, 8B

Leseverständnis 3

Übung L3-05

1. 最近越来越看不清楚老师在黑板上写的字了，看来我必须要换眼镜了。可能是因为我最近一直玩电子游戏玩的吧。

    ★ 我越来越看不清是因为：

    A 老师的字太小　　B 没有眼镜　　　C 一直玩游戏

2. 除了过生日，大家几乎不怎么见面。今天好不容易在一起吃个饭，给小王过生日，你还担心什么！再来一瓶啤酒怎么样？

    ★ 他们：

    A 很担心　　　　　B 经常一起喝酒　C 在过生日

3. 我发现你一直穿这件衬衫，你也应该换件新的了。现在换季，商店里的东西都很便宜，你有兴趣这个周末一起去买东西吗？一起去看看有没有便宜点的衬衫，多买几件回来。

    ★ 我想让你：

    A 穿便宜的衬衫　　B 一起去买衬衫　C 周末回来

4. 你是不是没有长耳朵啊？我跟你说了多少次了，吃完饭把碗洗一下，到现在都还没有洗，就知道玩游戏。

    ★ 你怎么了？

    A 没有长耳朵　　　B 不爱玩游戏　　C 没有洗碗

5. 中国人常说：一日三笑，不用吃药。

    ★ 根据这句话，我们可以知道：

    A 笑了就不用吃药了。　B 吃了药就会笑。　C 我们应该多笑一笑

6. 比赛马上就要开始了，人们突然安静下来，我只听到自己心跳的声音，心里开始担心起来，害怕比赛的时候会出现很多不应该出现的问题。

    ★ 我是在：

    A 比赛前　　　　　B 听自己的心跳　　C 回答问题

7. 今天的会议是在早上九点一刻，我们楼的电梯又坏了。我飞快地跑下楼，但是没有坐上八点半的地铁，只好等了十分钟，还好我到的时候，会议还没有开始。我没有迟到，真是太高兴了。

    ★ 我到的时间很可能是：

    A 九点十分　　　　B 八点半　　　　　C 九点一刻

8. 让人生气的事多了。今天早上，我想先去银行，再去上班。也不知道为什么，今天银行的人真多。我没有时间在那里久等。所以，等了不到十分钟，我就走了。到了地铁站，八点四十五分的车晚来了二十多分钟。早知道是这样，我就在银行里等了。

    ★ 根据这句话，我们可以知道：

    A 我在银行等了二十多分钟。　　B 银行离上班的地方可以走着去。　　C 一般，早上银行的人不很多。

答案：1C, 2C, 3B, 4C, 5C, 6A, 7A, 8C

Übung L3-06

1. 经过几天的阴雨天气，今天太阳终于出来了。天是蓝的，空气很新鲜，小鸟在树上唱着歌，我们几个朋友一起骑着自行车去公园玩。公园里有很多花，红的、黄的、在绿树的下面，看上去漂亮极了！

    ★ 这段话最有可能写的是：

    A 冬天　　　　B 春天　　　　C 秋天

2. 这个超市的东西真是太便宜了，我买了很多，后来身上带的钱都不够了，还好附近有个银行，我又从附近的银行取了一百元，又花完了。

    ★ 我在这个超市花了：

    A 一百元　　　B 不到一百元　　C 一百多元

3. 我这次买了很多东西，必须要放到冰箱里，但是我发现我们的冰箱几乎快没有地方了。我把你的那些可以不要放到冰箱里的东西先拿出来一点，可以吗？

    ★ 我要把你的东西拿出来是要：

    A 放我买的东西　B 放冰箱　　　C 放你的东西

4. 你不用带那么多的衣服过去。北方没有你想的那么冷，夏天跟我们这边一样热，冬天在房间里还可以穿裙子呢。

    ★ 北方的天气怎么样？

    A 比我们想的冷很多　B 很热，可以穿裙子　C 不是很冷，夏天还很热

Leseverständnis 3

5. 啊，这是小明吗？长得这么快，这些年不见，长得都和我一样高了，我都快认不出来了。

    ★ 小明：

    A 不认识我了　　B 不比我矮　　C 比我高

6. 你把我上次换下来的那条蓝色裤子洗了吧？放哪里了？我们明天有一个很重要的表演，我必须穿一条蓝色的裤子去表演。如果还没有洗的话，我只能向别人借了。

    ★ 我表演要穿：

    A 别人的裤子　　B 蓝色的裤子　　C 借来的裤子

7. 最近电影院在放很有名的美国电影，我和小张买了今天晚上的两张票，可是他突然说没有时间去看了，不知道你有没有兴趣跟我一起去。

    ★ 小张为什么不去看电影？

    A 没有时间　　B 没有兴趣　　C 不喜欢美国电影

8. 这个周末我和老李要去北京开会。老李喜欢坐火车，但是我喜欢坐飞机。可是因为时间太短，我没有买到飞机票，到最后还是跟老李一起坐火车去了北京。

    ★ 我为什么坐火车去了北京？

    A 喜欢和老李一起　　B 不喜欢坐飞机　　C 买不到飞机票

答案：1B, 2C, 3A, 4C, 5B, 6B, 7A, 8C

Übung L3-07

1. 小姐，你买了两条裤子，一件衬衫，还有一条裙子，一共是 550 元。在我们商店每买 500 元就可以便宜 50 元，所以现在一共是 500 元。

    ★ 买的东西最后一共便宜多少钱？

    A 550 元   B 50 元   C 500 元

2. 我一般早上 5 点就去上班，要到傍晚 6 点才回家。今天由于身体不舒服，有点儿发烧，所以早点儿回家了。回到家先吃了药，然后就睡觉了，等起来的时候已经是第二天上班的时间了。

    ★ 我很可能睡了：

    A 12 个小时   B 8 个小时   C 20 个小时

3. 这次比赛你看到小明没有？他跑得多快啊，比以前快很多，还拿了第一名呢！他的体育成绩好，而且其它的考试也很好，老师们都对他的成绩很满意。

    ★ 老师对小明很满意，因为他：

    A 跑得快   B 其它的成绩好   C 体育和其它成绩都很好

4. 一元是十角，一角是十分。虽然，中国的钱里有"分"。但是，现在人们很少用它了。可能是因为东西都比以前贵了。

    ★ 根据这句话，我们可以知道：

    A "分"在中国变得不很重要了。   B 用"分"表示的东西一定都很便宜。   C 一元钱是十分钱。

Leseverständnis 3

5. 大家都说工作累。我觉得照顾孩子更累。小孩子一会儿叫着饿了，一会儿又口渴了。有时候还要和他一起玩游戏。我在家里跑到这，跑到那，还总担心他会不会哪里疼了。

   ★ 照顾孩子：

   A 比工作容易多了　　B 要经常跑步，还担心　　C 一点儿也不容易

6. 你决定了没有？去还是不去？今天是星期天，车没有那么多。现在已经三点了。再不走，我们就要迟到了。

   ★ 他们最可能去哪儿？

   A 买东西　　B 看电影　　C 去公园锻炼

7. 我就要这个蓝色的。您能帮我把它包一下吗？是送给我同事的生日礼物。最好包得漂亮一点儿。谢谢了！

   ★ 我为什么要把它包一下？

   A 它是蓝色的　　B 是生日礼物　　C 自己想漂亮一点儿

8. 我从中国来的同事看见我中午吃黑面包。他们都很奇怪，我能习惯吃冷的。一般，我们中国人吃东西一定要吃热的。热着吃才香。没有热的，只有吃冷的了。喝一点儿热茶，也行。

   ★ 根据这段话，我们可以知道：

   A 我其实也很想吃热的。　　B 冷的，热的都一样。　　C 热茶才香。

答案：1B, 2A, 3C, 4A, 5C, 6B, 7B, 8A

Leseverständnis 3

Übung L3-08

1. 我爷爷奶奶每天都一样。他们早上六点半起床，七点吃早饭。下午三点一刻是喝茶的时间。我爷爷在外面多忙，都要回家喝茶。晚上七点，奶奶一定会看电视新闻。十点他们上床睡觉。

   ★ 根据这段话，我们可以知道：

   A 爷爷奶奶吃了早饭，就喝茶。
   B 爷爷奶奶有一起喝茶的习惯。
   C 爷爷太忙了，就不能喝茶了。

2. 我年轻的时候很喜欢打篮球。现在有孩子了，而且孩子还小，就再也没有时间去了。我希望等孩子长大了，我带着他一起去。也希望他也喜欢打篮球，这样我就有机会去了。

   ★ 根据这段话，我们可以知道：

   A 我的孩子还小。
   B 孩子很喜欢打篮球
   C 孩子的爱好我可以决定。

3. 我星期一上午有数学课。下午有体育课。中午，我们一般在学校吃饭。中间还有时间可以休息一会儿。

   ★ 根据这段话，我们可以知道：

   A 他们可以在家休息。
   B 他们一般在学校吃中饭。
   C 他们一般下午没有课。

4. 今天我去买菜。一共花了一百多块。两斤苹果十块五。三斤香蕉九块八角三。葡萄很便宜，只要三块八一斤，我买了四斤。羊肉比较贵一点。要十八块五角七一斤。这块羊肉就三斤多。

   ★ 请问，水果一共花了多少钱：

   A 三十五块五角七
   B 三十五块五角三
   C 三十五块零八

5. 这是我的家。房子不很大。厨房在一进门的右边。洗手间在一进门的左边。房间里放着一张床，书桌就在床的旁边。书桌上放着很多书，还有一张家人的照片。当然，也有我的电脑。

   ★ 根据这段话，我们可以知道：

   A 我喜欢在床上看书。
   B 书桌上有很多照片，还有电脑。
   C 房子不大，但是该有的都有。

6. 中国人常说：知人知面，不知心。

   ★ 根据这句话，我们可以知道：

   A 知道一个人就要知道他的心
   B 认识一个人，不一定知道他的心。
   C 知道一个人就要知道他想吃什么面条。

7. 李叔叔这个人很热心。每次回国，他都去机场接我们。我们走的时候，也用汽车送我们。

   ★ 根据这段话，我们可以知道：

   A 李叔叔会开车。
   B 李叔叔在机场工作。
   C 李叔叔总让热心的人送我们。

8. 小孩子真难照顾。渴了不会说，饿了不会吃，只知道张着大口哭。穿多了怕他热，穿少了，怕他冷了感冒。但是，他们又是那么可爱。

   ★ 根据这段话，我们可以知道：

   A 大人很不喜欢孩子。
   B 大人还是很喜欢自己的孩子的。
   C 小孩不要大人担心。

答案：1B, 2A, 3B, 4B, 5C, 6B, 7A, 8B

Leseverständnis 3

Übung L3-9

1. 中国有的地方有奶茶卖，不是红茶和牛奶那么简单。我看到里面还有东西可以吃，不知道是什么，也就不敢喝。

    ★ 根据这段话，我们可以知道：

    A 这个人不敢喝他没有喝过的东西。
    B 奶茶不简单。
    C 奶茶是可以吃的。

2. 中国人不爱说我爱你。但是他们的歌里经常是：什么爱啊，爱啊的，还有像"请你对我说你爱我"的歌。

    ★ 根据这段话，我们可以知道：

    A 中国人很爱说你要爱我。
    B 中国人不清楚谁爱谁。
    C 他们不说我爱你，但是歌里很多。

3. 这里真安静啊，汽车的声音几乎听不到。虽然，街道的南面就是一条大道，车辆很多。可能是因为这里的树多。

    ★ 根据这段话，我们可以知道：

    A 这里的车辆不很多。
    B 这里的树多，所以很安静。
    C 这里附近都很安静。

4. 我的同学笑春跑完两百米，还跑了四百米。她都拿了第一名。她的两百米跑得最快。现在她又要跑八百米，我不怕她。跑八百米，我总是拿第一，她第二。一千五百米，我们都不行。

    ★ 根据这段话，我们可以知道：

    A 我跑两百米比她快。
    B 我跑八百米比她快。
    C 她跑一千五百米也不错。

Leseverständnis 3

5. 春节前，我想去买一辆二十五万的新车。那时，颜色可以选择的很多，红色、白色，什么都有。节后我又去看了一看。颜色只有蓝色的了。什么颜色，对我来说都没有关系。我买了那辆，还便宜了四千五呢。

    ★ 根据这段话，我们可以知道：

    A 他的车花了二十四万五千五百。　　B 他的车是红色的。　　C 他的车花了二十万五千。

6. 中国人常说：不是一家人，不进一个门。

    ★ 根据这句话，我们可以知道：

    A 进了同一个门，就是一家人。　　B 要想成为一家人，必须进一个门。　　C 一家人总有一些相同的地方。

7. 我很喜欢我的小家。虽然不大，但是很方便，什么都有，也不用花很长时间打扫。我经常去买一些花，放在桌子上。小家变得非常漂亮，舒服。

    ★ 根据这段话，我们可以知道：

    A 我经常打扫房间，所以家很舒服。　　B 花会使家变得漂亮。　　C 房子太小，没法漂亮。

8. 孩子和大人最大的不同是：大人必须做自己不想做的事。

    ★ 根据这段话，我们可以知道：

    A 大人就是年轻人。　　B 小孩子只做自己想做的事。　　C 大人做的事都是自己想做的。

答案：1A, 2C, 3B, 4B, 5A, 6C, 7B, 8B

Leseverständnis 3

Übung L3-10

1. 北方的一个老朋友来信说，今年要结婚。可是结婚的日子是一个星期五。我是老师，不能不去上课。这让我不知道该怎么做才好。

    ★ 根据这段话，我们可以知道：

    A 我不想去北方。 B 我又想去，又不能去。 C 结婚的时候很多人会来。

2. 我的孩子真是一个好孩子。每次做完作业，他都要把作业拿给我检查。他总是复习完一天学的东西以后，才出去玩。

    ★ 根据这段话，我们可以知道：

    A 我检查孩子的作业。 B 没有做完作业，孩子就出去玩了。 C 孩子学习不很努力。

3. 以前的那个小女孩现在都是一个孩子的妈妈了。我女儿已经四十多岁了。她儿子都快上大学了。你总还记得她三十多年前的样子。

    ★ 根据这段话，我们可以知道：

    A 我有一个儿子，一个女儿。 B 我女儿快四十岁了。 C 我女儿的孩子快要上大学了。

4. 我不明白，汉语中，"问长问短"是什么意思。你能告诉我吗？

    ★ 问长问短：

    A 表示别人对你的关心。 B 表示一个人很担心别人。 C 一个人不知道东西的长短。

Leseverständnis 3

5. 我觉得中文很有意思。它们可以用很少的几个字表示很难的事物。像车到山前必有路。每个字我们都懂，但是，句子是什么意思呢？

   ★ 车到山前必有路表示：

   A 没有路也能开车。　　B 没有车也能上山。　　C 人总会想出办法解决问题的。

6. 中国人常说：有借有还，再借不难。

   ★ 根据这句话，我们可以知道：

   A 借了别人东西要记着还，别人才愿意再借给你。　　B 找人借东西是一件很难的事。　　C 最好不要借东西给别人。借出去的东西很难要回来。

7. 我一般每分钟能走八十米。从我家走到火车站前的商店要二十分钟。

   ★ 从我家到那个商店有多远？

   A 一千六百米　　B 一万六百米　　C 一千零六十米

8. 这辆蓝色的汽车要三十万，那辆红色的汽车小一些，只要二十八万。今年卖得不好，这样吧，你买一辆，我给你便宜三千，你看怎么样？

   ★ 根据这句话，我们可以知道：

   A 现在蓝色的汽车只要二十七万。　　B 现在红色的汽车要二十七万七千元。　　C 现在红色的汽车要二十五万七千。

答案：1B, 2A, 3C, 4A, 5C, 6A, 7A, 8B

Leseverständnis 3

Übung L3-11

1. 新年快到了。我叔叔给我写了信。信中最后说:"在新的一年里,希望你学习更上一层楼。"

    ★ 根据这段话,我们可以知道:

    A 我住在一楼。　　B 叔叔希望我在楼上学习。　　C 叔叔希望我学习更好。

2. 世界杯足球赛四年后在我们国家举行。现在,大家都开始准备了。我相信,经过举行世界杯比赛,大家会更喜欢足球运动。

    ★ 这段话是说:

    A 世界杯足球赛的事。　　B 人人都爱世界杯。　　C 我们国家的人足球踢得很好。

3. 这张照片是我小时候照的。他们都是国家级的运动员。照片中间的那个短头发的小女孩就是我。我那时被学校选去给他们送花。所以,才有了这张照片。

    ★ 根据这段话,我们可以知道:

    A 我那时是学校的运动员。　　B 我那时只是一个小女孩。　　C 我那时给他们照了相。

4. 我家那位很爱买书。他总是说:"读书使人聪明"。书是买了很多。可是,他很少看。明天,他又要去书店。我想借这个机会,说说他。

    ★ 根据这段话,我们可以知道:

    A 我家那位就是我的爱人。　　B 我家那位喜欢看书。　　C 我家那位人很聪明。

5. 不要小看新来的老师。他以前是教历史的，还教过体育。现在，他教三年级的数学。他真有办法，能使孩子爱上数学。这样的老师很难得。

    ★ 根据这段话，我们可以知道：

    A 新来的老师很小。
    B 新来的老师能让孩子们对数学感兴趣。
    C 新来的老师觉得很难教孩子们数学。

6. 这个商店很大。一楼是卖香水什么的。二楼是卖女士衣帽和鞋的。三楼是卖男士衣服的。如果你要买家电，就要上五楼。

    ★ 根据这句话，我们可以知道：

    A 这个人不知道一楼是卖什么的。
    B 买电视，要去五楼。
    C 买香水要去二楼。

7. 站在我面前的女孩子听了这句话，不好意思地低下了头。她什么话也没有说，看了我一眼，笑着走了。

    ★ 根据这句话，我们可以知道：

    A 这个女孩子没有懂我的意思。
    B 这个女孩子一直低着头听我说。
    C 她没有说什么，就走了。

8. 中国人常说："笑一笑，十年少。"也就是说，人们要经常笑。笑对健康很好。

    ★ 根据这句话，我们可以知道：

    A 只有笑才能健康。
    B 多笑对身体好。
    C 越笑越年轻。

答案：1C, 2A, 3B, 4A, 5B, 6B, 7C, 8B

Leseverständnis 3

Übung L3-12

1. 今年文化节的主题是啤酒。所以，又叫"啤酒节"。人们可以喝来自世界其他国家的啤酒，还可以看到很多表演。许多名人也会来参加。如果，能和他们一起照相，那才是一件难忘的事呢！

   ★ 根据这段话，我们可以知道：

   A 名人只想喝啤酒。　　B 人们可以喝很多国家的啤酒。　　C 这里每年都举行啤酒节。

2. 八月十五的月亮真亮真大啊！看着月亮，就使我想起了远方的家人。想他们，又见不到他们，心里很难过。所以，从我出国后，我就不再看天上的月亮了。

   ★ 根据这段话，我们可以知道：

   A 我很喜欢看月亮。　　B 我很难过，是因为我看不到月亮。　　C 看到天上的月亮，我就更想家。

3. 我不希望孩子看大人的音乐节目。他们最好看像《动物世界》和《体育世界》这样的电视节目，对他们学习文化有帮助。

   ★ 根据这段话，我们可以知道：

   A 孩子喜欢听大人的音乐。　　B 应该给孩子看对学习有帮助的节目。　　C 看电视对学习没有帮助。

4. 这是你要的世界地图和汉语词典。我给你买了。找的零钱就放在桌子上。别忘了，晚上要下雨，带上那把红色的伞。蓝色的坏了，不能用。

   ★ 根据这段话，我们可以知道：

   A 他们有一把伞坏了。　　B 我把零钱拿走了。　　C 我找不到桌子上的零钱。

5. 今天，公司突然要我去外地开会，晚上的火车。我下午回家准备了行李，现在就要走。我可能要去一周。

   ★ 根据这段话，我们可以知道：

   A 火车晚上才到。 B 公司早就告诉我要去外地开会。 C 我在外地要开一周的会。

6. 方便的话，请你也把我的这双鞋子给刷一刷。已经穿了一个冬天了。看起来有一点儿旧，刷干净了，还是很漂亮的。

   ★ 根据这句话，我们可以知道：

   A 鞋子是新买的。 B 鞋子刷了后，会很漂亮的。 C 冬天穿这种鞋子很方便。

7. 这里的水果又香又甜，而且汁儿很多。主要是因为，这里的太阳大，雨水多。

   ★ 根据这句话，我们可以知道：

   A 这里的水果汁儿很多。 B 这里的水果不好吃。 C 太阳大，水果就不香甜。

8. 汉语里有很多字的读音一样，可是意思不同。也有一些字，有两个读音，你们在学习的时候，一定要注意。

   ★ 根据这句话，我们可以知道：

   A 汉语里的汉字读音都一样。 B 汉语里的每个汉字读音都不一样。 C 有一些字是多音字。

答案：1B, 2C, 3B, 4A, 5C, 6B, 7A, 8C

书写，第一部分

Schreibfähigkeit 1

Die Aufgaben zur Schreibfähigkeit 1 bestehen aus durcheinandergewürfelten Satzteilen, die zu einem sinnvollen Satz geordnet werden müssen. Die Aufgabe besteht darin, die Satzteile zu ordnen und anschließend korrekt aufzuschreiben. Im HSK 3 bilden fünf Aufgaben einen Block. Damit viel geübt werden kann, sind in diesem Buch sieben Aufgaben zu einem Block zusammengefasst.

Hier ein Beispiel mit zwei Aufgaben:

1. 小鱼　里　这么　多　河　有

2. 机场　我　去　是　接　昨天　客人　的

Die Lösungen sind:

1. 小鱼　里　这么　多　河　有

   河里有这么多小鱼。

2. 机场　我　去　是　接　昨天　客人　的

   我是昨天去机场接客人的。

Schreibfähigkeit 1

Übung S1-01

1. 现在　到　刻　一　五　点　下　午　不

2. 一刻　差　工作　他　昨天　到　九点　晚上

3. 四　人　公司　千　贵　有　三　吧

4. 小亮　有　十　六　姐姐　岁　今年　的　五

5. 汽车　去年　九　辆　卖　万　黑色　的　只　了

6. 参加　的　人　有　今年　多　三百　会议

7. 这几箱　了　花　块　只　葡萄汁　八　钱

Schreibfähigkeit 1

Übung S1-02

1. 一定　她　唱　很好　得　的　歌

2. 更　城市　这个　明年　地铁　会　了　方便　有

3. 到了　越　门前　春天　小树　的　绿了　越　来

4. 特别　附近　的　经理　超市　热情

5. 复习　一班　啊　里　在　认真　教室　学生　得　多　的

6. 筷子　极了　这些　好　用　外国人　得　用

7. 大城市　几乎　玩　都　我　世界　的　上　过了

Schreibfähigkeit 1

Übung S1-03

1. 一共　这些　里　在　元　裙子　商店　买　五　要　百

2. 一次　喝　这种　我妈妈　绿茶　只　过

3. 大会　马经理　时候　开始　先　自己　的　了　一下　介绍

4. 早上　同事　今天　九点　办公室　的　半　才　她　到

5. 成绩　不错　弟弟　一直　的

6. 以后　学习　从　妹妹　汉语　总是　努力　那　我　很

7. 比赛　安静　开始　马上　请

Schreibfähigkeit 1

Übung S1-04

1. 他们　决定　的　结婚　事　终于　了

2. 妻子　满意　厨房　其实　他　对　新　很

3. 去　阿姨　我　帮忙　需要　会　当然

4. 菜单　我们　一　再　拿　看　把　请　给　看

5. 生气　怎么　又　你　了

6. 锻炼　最近　经常　我爷爷　公园　去　身体

7. 干净　虽然　洗　衬衫　旧　但是　得　非常　了

Schreibfähigkeit 1

Übung S1-05

1. 对　着急　吗　很　黄　经理

2. 洗了澡　奶奶　叫　然后　先　讲　上了床　他　听　给　故事　他

3. 就　自行车　天　如果　雨　去　骑　我们　下　不

4. 一边　看　上楼　一边　地图　高老师

5. 你　都　开车　地铁　坐　或者　来　可以

6. 吃　晚上　面包　是　还是　面条　想　你的朋友

7. 楼下　跟　游戏　喜欢　小女孩　我儿子　一起　玩　的

Schreibfähigkeit 1

Übung S1-06

1. 妈妈 孩子 习惯 总是 为 担心

2. 水平 为了 学校 想 办法 提高 普通话 的 了 很 多 学生们 的

3. 他 有 耳朵 疼 还有 一点儿 发烧 除了 一点儿

4. 给 我 请 那双 我 把 黑鞋子 拿 的

5. 被 字典 她丈夫 坏 本 了 这 用

6. 大家 关于 同意 上电视 她 的 表演 事 都

7. 我们 休息 时间 这段 应该 注意 多

Übung S1-07

1. 一起 国家 愿意 和 他哥哥 不 他 去 那个

2. 历史 课 迟到 上 你 老师 的 敢 吗

3. 老人 年轻 热情 女 医生 帮助 地 的 了 这位

4. 时候 办 去 护照 别 忘 带 了 照片 的 你的

5. 没有 你们 这 事 件 了 关心

6. 那 一种 最 喜欢 邻居 吃 蛋糕 给 送 而且 的 一块 她 是 她

7. 白 司机 瘦了 回来 很多

Schreibfähigkeit 1

Übung S1-08

1. 还是　喝　啤酒　果汁　你

2. 外面　多么　啊　的　刮　得　风　大

3. 新年　健康　你　祝　身体　快乐

4. 极了　问题　关于　这个　重要　环境　的

5. 比　口　运动　运动　前　后　渴

6. 一样　哥哥　她　她　聪明　和

7. 街道　没有　这条　那条　长

Schreibfähigkeit 1

Übung S1-09

1. 把　做　都　了　今天　他　的　练习　完　数学

2. 同学　被　复习　书　的　了　走　借

3. 每天　图书馆　介绍　文化　世界　去　书　看　的　他

4. 太阳　新　放着　买　上　帽　椅子　她　的

5. 小王　我　叫　给　西瓜　分　把　吃　了　大家

6. 刷牙　像　东西　的　吃了　还有　太甜　蛋糕　一定　糖　要

7. 疼　踢　足球　踢　得　了　腿　都

Schreibfähigkeit 1

Übung S1-10

1. 小鸟　地　高兴　河边　歌　唱着　的

2. 能　星期一　你　下个　完成　吗

3. 开着　花　五颜六色　草地上　的

4. 安静　比较　环境　的　他　喜欢

5. 睡　舒服　觉　一　真　他　想　地

6. 又　又　饿　渴　我们

7. 小猫　自己　会　相信　洗脸　你　给　吗

Schreibfähigkeit 1

Lösung S1-01

1. 现在不到下午五点一刻。

2. 他昨天晚上工作到九点差一刻。oder
   他昨天工作到晚上九点差一刻。

3. 贵公司有三四千人吧？

4. 小亮的姐姐今年有十五六岁。oder
   今年，小亮的姐姐有十五六岁。oder
   小亮的姐姐今年有五六十岁。

5. 去年，黑色的汽车只卖了九万辆。oder
   黑色的汽车去年只卖了九万辆。

6. 今年参加会议的人有三百多。

7. 这几箱葡萄汁只花了八块钱。

Lösung S1-02

1. 她的歌一定唱得很好。oder 她的歌唱得一定很好。

2. 这个城市明年有了地铁会更方便。oder
   明年有了地铁，这个城市会更方便。

3. 春天到了，门前的小树越来越绿了。

4. 附近超市的经理特别热情。

5. 一班的学生在教室里复习得多认真啊！

6. 这些外国人用筷子用得好极了。

7. 世界上的大城市，我几乎都玩过了。

Schreibfähigkeit 1

Lösung S1-03

1. 这些裙子在商店里买一共要五百元。

2. 我妈妈只喝过一次这种绿茶。oder
   这种绿茶我妈妈只喝过一次。

3. 大会开始的时候，马经理先介绍了一下自己。

4. 今天早上九点半，她的同事才到办公室。oder
   她的同事今天早上九点半才到办公室。

5. 弟弟的成绩一直不错。

6. 从那以后，我妹妹总是很努力学习汉语。

7. 请安静，比赛马上开始。oder 比赛马上开始，请安静。

Lösung S1-04

1. 他们结婚的事终于决定了。oder 他们终于决定了结婚的事。

2. 他妻子其实对新厨房很满意。oder
   他妻子对新厨房其实很满意。oder
   其实，他妻子对新厨房很满意。

3. 阿姨需要帮忙，我当然会去。

4. 请再把菜单拿给我们看一看。

5. 你怎么又生气了？

6. 最近，我爷爷经常去公园锻炼身体。oder
   我爷爷最近经常去公园锻炼身体。

7. 衬衫虽然旧了，但是洗得非常干净。

Schreibfähigkeit 1

Lösung S1-05

1. 黄经理很着急,对吗?

2. 他先洗了澡,上了床,然后,叫奶奶给他讲故事听。

3. 如果天不下雨,我们就骑自行车去。oder
   如果天下雨,我们就不骑自行车去。

4. 高老师一边上楼,一边看地图。oder
   高老师一边看地图,一边上楼。

5. 你坐地铁或者开车来都可以。oder 你开车或者坐地铁来都可以。

6. 你的朋友晚上是想吃面包还是面条?oder
   你的朋友晚上是想吃面条还是面包?

7. 楼下的小女孩喜欢跟我儿子一起玩游戏。oder
   我儿子喜欢跟楼下的小女孩一起玩游戏。

Lösung S1-06

1. 妈妈总是习惯为孩子担心。

2. 学校为了提高学生们普通话的水平,想了很多的办法。

3. 他除了有一点儿发烧,耳朵还有一点儿疼。oder
   他除了耳朵有一点儿疼,还有一点儿发烧。

4. 请把我的那双黑鞋子拿给我。

5. 这本字典被她丈夫用坏了。

6. 关于她上电视表演的事,大家都同意。

7. 这段时间,我们应该注意多休息。

Schreibfähigkeit 1

Lösung S1-07

1. 他哥哥不愿意和他一起去那个国家。oder
   他不愿意和他哥哥一起去那个国家。oder
   他和他哥哥不愿意一起去那个国家。

2. 你敢上历史老师的课迟到吗？oder
   你上历史老师的课敢迟到吗？

3. 年轻的女医生热情地帮助了这位老人。

4. 去办护照的时候，别忘了带你的照片。

5. 你们关心这件事了没有？

6. 邻居送给她一块蛋糕，而且是她最爱吃的那一种。

7. 白司机回来瘦了很多。

Lösung S1-08

1. 你喝啤酒还是喝果汁？oder 你喝果汁还是喝啤酒？

2. 外面的风刮得多么大啊！

3. 祝你身体健康，新年快乐！oder 祝你新年快乐，身体健康！

4. 这个关于环境的问题重要极了！

5. 运动后比运动前口渴。

6. 她和她哥哥一样聪明。oder 她哥哥和她一样聪明。

7. 这条街道没有那条长。 oder 那条街道没有这条长。

Schreibfähigkeit 1

Lösung S1-09

1. 他把今天的数学练习都做完了。 oder
   他今天把的数学练习都做完了。

2. 复习的书被同学借走了。

3. 他每天去图书馆看介绍世界文化的书。

4. 椅子上放着她新买的太阳帽。

5. 小王叫我把西瓜分给大家吃了。oder
   我叫小王把西瓜分给大家吃了。

6. 吃了太甜的东西，像糖，还有蛋糕，一定要刷牙。oder
   吃了像糖，还有蛋糕，太甜的东西，一定要刷牙。

7. 踢足球踢得腿都疼了。

Lösung S1-10

1. 河边的小鸟高兴地唱着歌。

2. 你下个星期一能完成吗？oder 下个星期一，你能完成吗？

3. 草地上开着五颜六色的花。

4. 他比较喜欢安静的环境。oder 他喜欢比较安静的环境。

5. 他真想舒服地睡一觉。

6. 我们又饿又渴。oder 我们又渴又饿。

7. 你相信小猫会给自己洗脸吗？oder
   小猫会给自己洗脸，你相信吗？

书写，第二部分

Schreibfähigkeit 2

Die Aufgaben zur Schreibfähigkeit 2 bestehen aus Lückentexten. In die Lücken müssen passende Wörter oder Schriftzeichen geschrieben werden, wobei die Lösung in Pinyin schon angegeben ist. Im HSK 3 bilden fünf Aufgaben einen Block. Damit viel geübt werden kann, sind in diesem Buch zehn Aufgaben zu einem Block zusammengefasst.

Hier ein Beispiel:

       guān
1. 没（　　　）系，别难过，高兴点儿。

           jiè
2. 她今天要去图书馆（　　　）书。

Die Lösung ist:

       guān
1. 没（ 关 ）系，别难过，高兴点儿。

           jiè
2. 她今天要去图书馆（ 借 ）书。

Schreibfähigkeit 2

Übung S2-01

1. 今天晚上没有（ yuè ）亮。

2. 欢（ yíng ）你们来中国。

3. （ zhù ）您健康！

4. 让我来（ jiè ）绍一下吧。

5. 我吃得（ tài ）饱了！

6. 上（ cì ）来的时候，还是春天呢。

7. 怎么（ yòu ）做错了呢？

8. 这些小（ dòng ）物很喜欢吃草。

9. 天不下雨，天不刮（ fēng ）。

10. 你有什么（ dǎ ）算？

Schreibfähigkeit 2

Übung S2-02

1. 他没有（ fā ）现他的护照不见了。

2. 我弟弟考了一百（ fēn ）。

3. 图（ shū ）馆在商店的对面。

4. 这些香蕉（ mài ）得很好。

5. 不着急，我（ mǎ ）上来！

6. 他很想参（ jiā ）明年举行的会议。

7. 银行今天不（ kāi ）门。

8. 我是最（ xiān ）到机场的。

9. 他对音（ yuè ）很感兴趣。

10. 我爷爷每天看报（ zhǐ ）。

Übung S2-03

1. （　bái　）色的汽车比黑色的贵。

2. 我妹妹的爱好是（　chàng　）歌。

3. 中国的城市都（　bǐ　）较大。

4. 你看，这些孩子多聪（　míng　）啊！

5. 出门的时候，记着（　dài　）上地图！

6. 服务员把菜（　dān　）给了他们。

7. 他很喜欢听奶奶讲（　gù　）事。

8. 李老师教（　shù　）学教得很好。

9. 雨下得（　gèng　）大了。

10. 他（　gēn　）我哥哥一样大。

Schreibfähigkeit 2

Übung S2-04

1. 他把问题都问（ qīng ）楚了。

2. 今（ nián ）的比赛在五月举行。

3. 你想喝什么（ chá ）？

4. 这辆车要上（ wàn ）块钱吧？

5. 裤子是不是太（ duǎn ）了？

6. （ qǐng ）问，您贵姓？

7. 早饭喝（ niú ）奶，吃面包，怎么样？

8. 不要（ shēng ）气了！

9. 这件事他做了大（ bàn ）天。

10. 他很关（ xīn ）国家大事。

Schreibfähigkeit 2

Übung S2-05

1. 我弟弟很喜欢（ wán ）游戏。

2. 对不起，我没有（ bàn ）法。

3. 这是谁的（ bāo ）？

4. （ běi ）方的冬天很冷吧？

5. 这里的变（ huà ）真大啊！

6. 桌子上只有一块（ shǒu ）表。

7. 做（ wán ）了作业，他就回家了。

8. 你看到我给你发的（ diàn ）子邮件了吗？

9. （ gāng ）才那个人你认识吗？

10. 公共汽车（ zhàn ）在那里。

Schreibfähigkeit 2

Übung S2-06

1. 好（　jiǔ　）不见了，你还好吧？

2. （　jiù　）衣服洗干净了还可以穿。

3. 很高兴认（　shi　）你们。

4. 老师（　shuō　）了什么？

5. 他的数学课（　jiǎng　）得很好！

6. 这个商（　diàn　）的东西很便宜。

7. 汉语不（　nán　）学。

8. 今天超（　shì　）的菜和水果很新鲜。

9. 告（　su　）她，不要买盘子和碗。

10. 喝一点儿啤（　jiǔ　），可以吗？

Schreibfähigkeit 2

Übung S2-07

1. 请（　bǎ　）电视声音关小一点儿。

2. 我们家那（　wèi　）做饭，我洗碗应该的。

3. 一（　jiǎo　）是多少分？

4. 没有刷（　yá　），不能上床睡觉。

5. 新来的王小姐（　hé　）你是什么关系？

6. 黑（　bǎn　）上的这个小人画得真好。

7. 她不敢看月亮，因为，看了就会很想（　jiā　）。

8. 我们都觉得这个小女孩又聪明又（　piào　）亮。

9. 火车（　yǐ　）经到站了。

10. 他常常问自（　jǐ　），这样做对不对。

Schreibfähigkeit 2

Übung S2-08

1. （ zhù ）在这里方便吧？

2. （ dōng ）天的时候，要注意不要感冒。

3. 两（ bǎi ）块钱一张，我觉得有一点儿贵。

4. 今天是（ qíng ）天。太阳很好。

5. 我想和孩子们一起去（ shì ）界公园。

6. 他今天没有来上班，（ yīn ）为，他觉得不舒服。

7. 他想孩子的（ shí ）候，就看看孩子的照片。

8. 他说了很多（ guān ）心的话。

9. 会议（ shì ）在八层。

10. 马和（ yáng ）都喜欢吃草。

Schreibfähigkeit 2

Übung S2-09

1. "解"这个字做姓的时候，读音像（ xiè ）。

2. 她（ huā ）钱大手大脚，我真不放心。

3. 四月的天，孩子的（ liǎn ）。说变就变。

4. 月亮就像一个大（ pán ）子。

5. 服务员，我房间的空调（ huài ）了。

6. 这个（ bēi ）子的颜色也太难看了。

7. 一（ kè ）钟的时间太短了。

8. 不要叫了，（ hái ）子们！

9. 世界上本没有路。走（ de ）人多了，就有路了。

10. 她（ zǒng ）是爱这么坐着看报纸。

Schreibfähigkeit 2

Übung S2-10

1. （ zài ）不来，我就走了！

2. （ wèi ）了给孩子过生日，他下了班就去买蛋糕了。

3. （ huǒ ）车站就在前面。

4. 如（ guǒ ）天下雨了，怎么去呢？

5. （ chí ）到了，应该说对不起。

6. 今天的节（ mù ）很不错。

7. （ jiàn ）面的时候，不要忘了把这个给他。

8. 中（ wǔ ）来这里吃饭的人很多。

9. 让李老师先说几（ jù ）。

10. 那里停着三（ liàng ）车。

Schreibfähigkeit 2

Lösung S2-01

1. 月
2. 迎
3. 祝
4. 介
5. 太
6. 次
7. 又
8. 动
9. 风
10. 打

Lösung S2-02

1. 发
2. 分
3. 书
4. 卖
5. 马
6. 加
7. 开
8. 先
9. 乐
10. 纸

Lösung S2-03

1. 白
2. 唱
3. 比
4. 明
5. 带
6. 单
7. 故
8. 数
9. 更
10. 跟

Lösung S2-04

1. 清
2. 年
3. 茶
4. 万
5. 短
6. 请
7. 牛
8. 生
9. 半
10. 心

Lösung S2-05

1. 玩
2. 办
3. 包
4. 北
5. 化
6. 手
7. 完
8. 电
9. 刚
10. 站

Lösung S2-06

1. 久
2. 旧
3. 识
4. 说
5. 讲
6. 店
7. 难
8. 市
9. 诉
10. 酒

Schreibfähigkeit 2

Lösung S2-07

1. 把
2. 位
3. 角
4. 牙
5. 和
6. 板
7. 家
8. 漂
9. 己
10. 己

Lösung S2-08

1. 住
2. 冬
3. 百
4. 晴
5. 世
6. 因
7. 时
8. 关
9. 室
10. 羊

Lösung S2-09

1. 谢
2. 花
3. 脸
4. 盘
5. 坏
6. 杯
7. 刻
8. 孩
9. 的
10. 总

Lösung S2-10

1. 再
2. 为
3. 火
4. 果
5. 迟
6. 目
7. 见
8. 午
9. 句
10. 辆

Anhang A: Grammatik des HSK 3

Ziel des Anhangs ist es, die Grammatik des HSK 3 detailliert zu erläutern. Die einzelnen Grammatikbestandteile des HSK 3 sind dazu abschnittsweise geordnet. In jedem Abschnitt wird zuerst auf Deutsch die chinesische Grammatik aus deutscher Perspektive erklärt. Dabei wird davon ausgegangen, dass der Leser mit den Grundbegriffen der deutschen Grammatik vertraut ist. Anschließend geben chinesische Mustersätze Beispiele, wie die Grammatik angewandt wird.

1 Pronomen

Ein Pronomen ist ein Wort, das stellvertretend für ein Substantiv steht oder wie ein Artikelwort ein Substantiv begleitet. Wichtige Pronomen sind Personalpronomen, Demonstrativpronomen und Fragepronomen.

1.1 Personalpronomen

Ein Personalpronomen steht stellvertretend für eine oder mehrere Personen, Tiere oder Gegenstände. Es kann im Singular oder Plural vorliegen. Um aus dem Singular einen Plural zu bilden, wird im Chinesischen die Pluralpartikel „们" an das Pronomen angehängt.

wǒ wǒmen 我 → 我们	ich → wir
nǐ nǐmen 你 → 你们	du → ihr
nín nǐmen 您 → 你们	Sie → Sie (Höflichkeitsform)
tā tāmen 他 → 他们	er → sie (männlich)
tā tāmen 她 → 她们	sie → sie (weiblich)
tā tāmen 它 → 它们	es → sie (sächlich)

Achtung: Die Pluralpartikel „们" kann nur für Pronomen oder Personen verwendet werden! Es ist falsch, sie in Verbindung mit Sachen oder Gegenständen zu verwenden.

Anhang A: Grammatik des HSK 3

Steht ein Personalpronomen stellvertretend für ein Substantiv, so steht es im chinesischen Satz an dessen Stelle.

Wǒ huì shuō Hànyǔ.
我 会 说 汉语。
Ich kann Chinesisch sprechen.

Tāmen shì lǎoshī.
她们 是 老师。
Sie sind Lehrerinnen.

我的

Über die Genitivpartikel „的" wird ein Personalpronomen zu einem besitzanzeigenden Pronomen (mein, dein …).

Nǐ hē tā de chá.
你 喝 他 的 茶。
Du trinkst seinen Tee.

Wǒ hěn xǐhuan tā de yīfu.
我 很 喜欢 她 的 衣服。
Ich mag ihre Kleidung sehr.

Personalpronomen im weiteren Sinne sind im Chinesischen auch Wörter wie „alle", „selbst" oder „die anderen".

大家

Das Pronomen „大家" steht stellvertretend für eine Gruppe, der man angehört. Seine Übersetzung ins Deutsche bedeutet „alle" oder „wir alle".

Dàjiā hǎo!
大家 好!
Guten Tag, alle zusammen!

Dàjiā dōu tóngyì.
大家 都 同意。
Alle sind einverstanden.

自己

Das Pronomen „自己" steht stellvertretend für die eigene Person oder Familie und bedeutet „selbst".

Zhège dàngāo shì zìjǐ zuò de.
这个 蛋糕 是 自己 做 的。
Dieser Kuchen ist selbst gemacht.

别人

Das Pronomen „别人" steht stellvertretend für „die anderen".

Biéren dōu qù kàn diànyǐng.
别人 都 去 看 电影。
Die anderen gehen alle hin, einen Film zu schauen.

Anhang A: Grammatik des HSK 3

1.2 Demonstrativpronomen

Ein Demonstrativpronomen ist eine Wortart, mit der der Sprecher auf etwas hinweist, auf das man mit dem Finger zeigen könnte. Im Chinesischen gibt es zwei Entfernungsgrade: „这" (dies) und „那" (jenes). Beides kann im Chinesischen auf zwei Arten verwendet werden: als Substantiv und als Artikel.

Bei der Verwendung als Substantiv steht das Pronomen alleine im Satz.

Zhè shì wǒ de tóngxué.
这 是 我 的 同学。
Dies ist mein Mitschüler.

Nà shì wǒ de bàba.
那 是 我 的 爸爸。
Jenes ist mein Vater.

Bei der Verwendung als Artikel wird das Pronomen durch ein Zähleinheitswort (个, 些 …) mit einem Substantiv verknüpft.

Zhège bēizi shì wǒ de.
这个 杯子 是 我 的。
Diese Tasse ist meine.

Nàge lǎoshī zhù zài Běijīng.
那个 老师 住 在 北京。
Jener Lehrer wohnt in Peking.

Zhèxiē píngguǒ hǎochī.
这些 苹果 好吃。
Diese Äpfel schmecken gut.

Das Substantiv kann aber auch weggelassen werden. In diesem Fall werden nur „这" und „那" mit einem Zähleinheitswort verknüpft.

Wǒ xiǎng chī zhège.
我 想 吃 这个。
Ich möchte dieses essen.

Wǒ mǎi nàge.
我 买 那个。
Ich kaufe jenes.

An „这" und „那" können die Endungen „儿" oder „里" angehängt werden. „这儿" und „这里" bedeuten „hier", „那儿" und „那里" bedeuten „dort". „这儿" hat die gleiche Bedeutung wie „这里". Das gleiche gilt für „那儿" und „那里". Alle vier Wörter „这儿", „这里", „那儿" und „那里" beschreiben einen Ort.

Tā zài nàr gōngzuò.
他 在 那儿 工作。
Er arbeitet dort.

Zhèr yǒu hěn duō de māo.
这儿 有 很 多 的 猫。 — Hier gibt es sehr viele Katzen.

Wǒ zěnme qù nàlǐ?
我 怎么 去 那里? — Wie gehe ich dorthin?

Nǐ de péngyou lái zhèlǐ ma?
你的 朋友 来 这里 吗? — Kommt dein Freund hierher?

这么 那么

Soll auf etwas verwiesen und dabei „so wie dieses" oder „so wie jenes" ausgedrückt werden, so verwendet man im Chinesischen das Pronomen „这么" (so wie dieser, diese, dieses) oder „那么" (so wie jener, jene, jenes). Ins Deutsche übersetzt man die beiden Wörter „这么" und „那么" mit „so".

Kěyǐ zhème shuō.
可以 这么 说。 — Man kann es so (wie dies) sagen.

Nàme gāo.
那么 高。 — So groß (wie jenes).

每

Soll auf alle Personen, Tiere oder Sachen einer Gruppe verwiesen werden, so verwendet man im Chinesischen das Pronomen „每" (jeder, jede, jedes). Bei der Verwendung als Artikel wird das Pronomen durch ein Zähleinheitswort (个...) mit einem Substantiv verknüpft. Das Substantiv kann aber auch weggelassen werden, wenn für die Gesprächspartner klar ist, worum es geht.

Měi ge bēizi hěn piàoliang.
每 个 杯子 很 漂亮。 — Jede Tasse ist sehr schön.

Měi ge dōu hǎochī.
每 个 都 好吃。 — Jedes schmeckt gut.

其他

Soll auf etwas gezeigt und dabei gesagt werden, dass es sich um die anderen Personen, Sachen oder Tiere handelt, so verwendet man im Chinesischen das Pronomen „其他" (der, die, das anderen). „其他" hat dabei immer den Charakter einer Mehrzahl! Bei der Verwendung als Artikel wird das Pronomen durch die Partikel „的" mit einem Substantiv verknüpft. Das Substantiv kann aber auch weggelassen werden, wenn für die Gesprächspartner klar ist, worum es geht.

Wǒ yào mǎi qítā de dàngāo.
我 要 买 其他 的 蛋糕。 — Ich will die anderen Kuchen kaufen.

Qítā de dōu hěn piàoliang.
其他 的 都 很 漂亮。 — Die anderen sind alle sehr schön.

1.3 Fragepronomen

Fragepronomen dienen dazu, Fragen zu formulieren. Im chinesischen Satz ersetzen sie entweder den Satzteil, nachdem gefragt werden soll, oder sie stehen bei dem Satzteil, zu dem Information angefragt wird. Siehe hierzu „*10.2 Bestimmungsfragen*".

2 Zahlen

Zahlen können verwendet werden, um Zeitangaben auszudrücken, das Alter von Personen zu beschreiben, eine bestimmte Menge zu bezeichnen oder generell eine Nummer zu benennen.

2.1 Zahlwörter

Wird eine Zahl auf Chinesisch gesprochen oder mit chinesischen Zeichen ausgeschrieben, so werden die einzelnen Dezimalstellen über Zahlwörter wie „zehn" (十), „hundert" (百), „tausend" (千) oder „zehntausend" (万) unterschieden. Das entspricht weitestgehend auch dem deutschen Sprachgebrauch.

Aber: Das Chinesische besitzt auch ein Zahlwort für 10.000. Damit ist das Bilden von Zahlen größer als 10.000 für Deutsche sehr ungewohnt!

Spanne	Zahlwort	Beispiele	
10 bis 99	十 (shí)	10	十
		18	十八
		75	七十五
		90	九十
100 bis 999	百 (bái)	100	一百
		101	一百零一
		110	一百一十
		570	五百七十
1.000 bis 9.999	千 (qiān)	1.000	一千
		1.001	一千零一
		5.090	五千零九十
		8.800	八千八百

(Fortsetzung, nächste Seite)

Anhang A: Grammatik des HSK 3

10.000 bis 99.999.999	万	(wàn)	10.000	一万
			10.001	一万零一
			10.100	一万零一百
			10.101	一万一百零一
			100.000	十万
			1.000.000	一百万
			10.000.000	千万
			25.006.009	两千五百万六千零九
ab 100.000.000	亿	(yì)	100.000.000	一亿 (万万)

☺ **Achtung:** Im Deutschen werden Dezimalstellen, die Null sind, nicht gelesen. Ein Beispiel wäre „1.001", das sich „tausendundeins" spricht. Im Chinesischen wird allerdings dann eine Null gelesen, wenn hinter „万", „千" und „百" eine Dezimalstelle folgt, die nicht Null ist, und dazwischen Nullen stehen. Erstes Beispiel: „101" liest sich „一百零一". Zweites Beispiel: „10.100" liest sich „一万零一百". Kommen dieser Fall mehrfach vor, wird nur die letzte Null gelesen. Beispiel: „10.101" liest sich „一万一百零一". Weitere Beispiele zeigt die obige Tabelle.

2.2 Zeitangaben

点
分

Um eine Uhrzeit auszudrücken, wird zur Kennzeichnung der Stunden das Schriftzeichen „点" und zur Kennzeichnung der Minuten das Zeichen „分" benutzt.

Xiànzài shì diǎn fēn.
现在 是 7 点 40 分。

Jetzt ist es 7 Uhr 40 Minuten.

Wǒ míngtiān diǎn zài yīyuàn.
我 明天 8 点 在 医院。

Ich bin morgen um 8 Uhr im Krankenhaus.

刻

So wie das Deutsche kennt auch das Chinesische die Verwendung von Viertelstunden in einer Zeitangabe. So kann für „Viertel nach" das Wort „一刻", für „drei Viertel nach" das Wort „三刻" und für „Viertel vor" der Ausdruck „差一刻" an die Stundenangabe gehängt werden.

diǎn kè
7 点 1 刻

Viertel nach sieben (7:15 Uhr)

diǎn kè	
8 点 3 刻	drei Viertel nach acht (8:45 Uhr)

diǎn chà kè chà kè diǎn	
9 点 差 1 刻 *oder* 差 1 刻 9 点	Viertel vor neun (8:45 Uhr)

Um ein Datum anzugeben, werden die westlichen Zahlen verwendet und dem Jahr „年", dem Monat „月" und dem Tag „日" vorangestellt.

年
月
日

nián yuè rì	
2009 年 7 月 5 日	5. Juli 2009
Jīntiān shì yuè rì. 今天 是 11 月 15 日。	Heute ist der 15. November.

Achtung: Die Reihenfolge von Jahr, Monat und Tag ist im chinesischen Datum genau umgekehrt als im Deutschen (2010-03-02 entspricht dem 02.03.2010).   ☺

Im Chinesischen gibt es keine Eigennamen für die Monate, sie sind mit 1, 2, 3 … durchnummeriert. Es werden westliche oder chinesische Zahlen verwendet.

yī yuè 一 月	Januar	èr yuè 二 月	Februar	sān yuè 三 月	März
sì yuè 四 月	April	wǔ yuè 五 月	Mai	liù yuè 六 月	Juni
qī yuè 七 月	Juli	bā yuè 八 月	August	jiǔ yuè 九 月	September
shí yuè 十 月	Oktober	shíyī yuè 十一 月	November	shí'èr yuè 十二 月	Dezember

Die Wochentage sind, mit Ausnahme des Sonntags, im Chinesischen durchnummeriert. Allerdings werden hier nur die chinesischen Zahlen verwendet:

星
期

xīngqīyī 星期一	Montag	xīngqī'èr 星期二	Dienstag
xīngqīsān 星期三	Mittwoch	xīngqīsì 星期四	Donnerstag
xīngqīwǔ 星期五	Freitag	xīngqīliù 星期六	Samstag
xīngqīrì 星期日	Sonntag	xīngqītiān 星期天	Sonntag

Anhang A: Grammatik des HSK 3

☺ **Hinweis:** Das Wort „星期天" wird eher im mündlichen Sprachgebrauch verwendet. Im Schriftverkehr dominiert „星期日".

几 Um nach einer Uhrzeit, einem Datum oder einem Wochentag zu fragen, wird bei der Uhrzeitangabe, der Datumsangabe oder der Wochentagsangabe die entsprechende Zahl durch das Fragewort „几" ersetzt.

Míngtiān shì jǐ rì? 明天 是 几 日?	Morgen ist der Wievielte?
Xiànzài shì jǐ diǎn zhōng? 现在 是 几 点 钟?	Wieviel Uhr ist es jetzt?
Jīntiān shì xīngqī jǐ? 今天 是 星期 几?	Welcher Wochentag ist heute?

2.3 Altersangaben

岁 Eine Altersangabe wird gebildet, indem an das Lebensalter einer Person das Wort „岁" gehängt wird.

Wǒ māma jīnnián suì le. 我 妈妈 今年 45 岁 了。	Meine Mutter ist dieses Jahr 45 Jahre alt geworden.
Nǐ bàba jīnnián wǔshí suì le ma? 你 爸爸 今年 五十 岁 了 吗?	Ist dein Vater dieses Jahr 50 Jahre alt geworden?

几岁 / 多大 Um nach dem Alter einer Person zu fragen, wird bei Kindern die Fragewortgruppe „几岁", bei Erwachsenen „多大" verwendet. „几岁" impliziert, dass eine kleine Zahl die Antwort ist.

Nǐ de xiǎo érzi jǐ suì? 你 的 小 儿子 几 岁?	Wie alt ist dein kleiner Sohn?
Tā de péngyou duōdà le? 她 的 朋友 多大 了?	Wie alt ist ihr Freund geworden?

2.4 Mengenangaben

个 / 本 Eine Mengenangabe wird gebildet, indem an die die Menge beschreibende Zahl ein Zähleinheitswort (个, 本 ...) gehängt wird. Das Zähleinheitswort charakterisiert die Art der aufgezählten Gegenstände. Anschließend folgt optional der aufgezählte Gegenstand. Eine Liste der Zähleinheitswörter des HSK 3 gibt „*Anhang B: Zähleinheitswörter*", siehe S. 300.

Anhang A: Grammatik des HSK 3

几

běn shū
3 本 书   drei Bücher

sān ge píngguǒ
三 个 苹果   drei Äpfel

Soll nach einer Menge gefragt werden, so wird anstelle der Zahl das Fragewort „几" verwendet.

Nǐ xiǎng mǎi jǐ ge?
你 想 买 几 个?   Wieviel Stück möchtest du kaufen?

Tā yǒu jǐ běn shū?
他 有 几 本 书?   Wieviele Bücher besitzt er?

Um eine unbestimmte Mengenangabe zu tätigen (z.B. „mehr als … Stück"), wird zwischen die Zahl und das Zähleinheitswort das Wort „多" gestellt.

多

duō rén
500 多 人   mehr als 500 Menschen

Túshūguǎn yǒu yíwàn duō běn shū.
图书馆 有 一万 多 本 书。   Die Bibliothek besitzt mehr als 10.000 Bücher.

Um eine Anzahl von Ereignissen auszudrücken, wird im Chinesischen das Zähleinheitswort „次" verwendet. „次" kann ins Deutsche mit „Mal" übersetzt werden.

次

Wǒ qùle liǎng cì Zhōngguó.
我 去了 两 次 中国。   Ich bin zweimal in China gewesen.

Wǒ měi cì huíjiā dōu hěn gāoxìng.
我 每 次 回家 都 很 高兴。   Jedes Mal, wenn ich nach Hause komme, bin ich sehr glücklich.

Um zu kennzeichnen, dass etwas von kleiner Menge ist, wird im Chinesischen der Ausdruck „一点儿" verwendet. Es kann ins Deutsche mit „ein bisschen" übersetzt werden.

一点儿

Hē yìdiǎner kāfēi ba!
喝 一点儿 咖啡 吧!   Trink doch ein bisschen Kaffee!

Anhang A: Grammatik des HSK 3

2.5 Geld

块
元

Bei Geld werden nur eine Zahl und das entsprechende Zähleinheitswort verwendet. Die chinesische Währung wird in „Yuán" (元) gezählt. In der Umgangssprache ist auch oft das Zähleinheitswort „块" gebräuchlich.

 yuán shì kuài.
15 元 是 15 块。   15 Yuan sind 15 Kuai.

角
分

Ein Yuán ist in zehn „Jiǎo" (角) oder hundert „Fēn" (分) unterteilt.

 yuán shì jiǎo.
1 元 是 10 角。   1 Yuan sind 10 Jiao.

 jiǎo shì fēn.
1 角 是 10 分。   1 Jiao sind 10 Fen.

多少

Wird nach einer Geldmenge gefragt, wird das Fragewort „多少" verwendet.

Zhèxiē píngguǒ duōshao qián?
这些 苹果 多少 钱？   Wieviel kosten diese Äpfel?

2.6 Nummern

电话

Eine Nummer wird gebildet, indem mehrere Ziffern aneinandergereiht werden. Eine Nummer wird im chinesischen Satz wie ein Substantiv verwendet.

Wǒ de diànhuà shì
我 的 电话 是 34250067。   Meine Telefonnummer lautet 34250067.

Hinweis: „一" wird, wenn die Ziffern einer Nummer einzeln gelesen werden, oft als „yāo" gesprochen – insbesondere bei Telefon- und Zimmernummern.

yāo èr sān yāo yāo
1 – 2 – 3 – 1 – 1   1 – 2 – 3 – 1 – 1

多少

Um nach einer Nummer zu fragen, wird in der Regel das Fragewort „多少" benutzt.

Fànguǎn de diànhuà shì duōshao?
饭馆 的 电话 是 多少？   Wie lautet die Telefonnummer des Restaurants?

Hinweis: Die deutsche Sitte, die Telefonnummer zweistellig zu gruppieren (also: 25 – 57 – 30) gibt es im Chinesischen nicht. Hier werden die Ziffern einzeln vorgelesen (also: 2 – 5 – 5 – 7 – 3 – 0).

2.7 Ordnungszahlen

Eine Ordnungszahl (z.B. 1. Tag) wird gebildet, indem das Ordnungszeichen „第", eine Zahl und ein Zähleinheitswort (S. 300) aneinandergehängt werden.

Dì-yī tiān, dì-èr tiān,
第一天，第二天，…   Am ersten Tag, am zweiten Tag...

Hinweis: Bei Stockwerken (层) wird beim Erdgeschoss mit 1 beginnend nummeriert.

Bàngōngshì zài dì-sān céng.
办公室 在 第三 层。   Das Büro ist im zweiten Stockwerk.

2.8 Gewichte

Bei Gewichten werden eine Zahl und das entsprechende Wort für die Gewichtsangabe verwendet. Das Wort für Kilogramm ist „公斤"; das Wort für Pfund ist „斤".

  gōngjīn yào   yuán.
1 公斤 要 8 元。   Ein Kilogramm kostet acht Yuan.

  gōngjīn shì   jīn.
1 公斤 是 2 斤。   Ein Kilogramm hat zwei Pfund.

2.9 Längen

Bei Längen werden eine Zahl und das entsprechende Wort für die Längenangabe verwendet. Das Wort für Meter ist „米"; das Wort für Kilometer ist „公里".

  gōnglǐ yǒu yìqiān mǐ.
1 公里 有 一千 米。   Ein Kilometer hat 1000 Meter.

Anhang A: Grammatik des HSK 3

3 Adverbien

Adverbien geben Informationen zu den Umständen eines Geschehens. Sie können einen Satz verneinen oder ein Ausmaß oder einen Umstand beschreiben.

3.1 Verneinung und Bestätigung

不
没
别

Eine Verneinung wird gebildet, indem die Adverbien „不", „没", „没有" oder „别" vor das Verb eines Satzes gestellt werden. „不" wird bei der Zeitform der Gegenwart und Zukunft angewendet, „没有" (Kurzform: „没") bei der Zeitform der Vergangenheit. „别" kann nur zur Verneinung eines Imperativsatzes verwendet werden.

Tā bú shì wǒ de nǚ'ér. 她 不 是 我 的 女儿。	Sie ist nicht meine Tochter.
Wǒ míngtiān bù xiǎng qù yīyuàn. 我 明天 不 想 去 医院。	Ich möchte morgen nicht ins Krankenhaus gehen.
Tā zuótiān méi qù xuéxiào. 他 昨天 没 去 学校。	Er ist gestern nicht in die Schule gegangen.
Tā hái méiyǒu chīfàn. 他 还 没有 吃饭。	Er hat noch nicht gegessen.
Nǐ shēngbìng le, bié qù yóuyǒng! 你 生病 了，别 去 游泳！	Du bist krank. Geh nicht schwimmen!

没
有

Es ist zu beachten, dass bei dem Verb „有" die Verneinung nicht mit „不", sondern mit „没" gebildet wird.

Fànguǎn zuótiān méi yǒu yú. 饭馆 昨天 没 有 鱼。	Das Restaurant hatte gestern keinen Fisch.
Wǒmen de jiā méi yǒu diànshì. 我们 的 家 没 有 电视。	Bei uns zu Hause haben wir keinen Fernseher.

一
定

Eine Bestätigung in dem Sinne, dass etwas bestimmt eintreffen wird, wird gebildet, indem das Adverb „一定" vor das Verb gestellt wird.

Wǒ míngtiān yídìng lái. 我 明天 一定 来。	Ich werde morgen bestimmt kommen.

必
须

Eine Bestätigung in dem Sinne, dass etwas auf jeden Fall notwendig, wird gebildet, indem das Adverb „必须" vor das Verb gestellt wird.

Wǒmen bìxū xiǎng yí ge hǎo bànfǎ.
我们 必须 想 一 个 好 办法。   Wir müssen eine gute Lösung finden.

3.2 Ausmaß oder Grad

Um das Ausmaß einer Angelegenheit auszudrücken, können die Adverbien „很", „太", „非常", „最", „更", „越", „特别", „多么", „极" und „几乎" verwendet werden. Die Adverbien werden vor ein Verb oder ein Adjektiv in verbialer Funktion gestellt.

Das Adverb „很" drückt ein intensives Ausmaß aus.

Zhège cài hěn hǎochī.
这个 菜 很 好吃。   Diese Speise schmeckt sehr gut.

Wǒ hěn xǐhuan xuéxí Hànyǔ.
我 很 喜欢 学习 汉语。   Ich mag es sehr, Chinesisch zu lernen.

Das Adverb „非常" drückt ein sehr intensives Ausmaß aus.

Jīntiān de tiānqì fēicháng lěng.
今天 的 天气 非常 冷。   Das heutige Wetter ist außerordentlich kalt.

Tā shì yí ge fēicháng hǎo de rén.
他 是 一 个 非常 好 的 人。   Er ist ein außerordentlich guter Mensch.

Das Adverb „太" drückt ein extremes Ausmaß aus. An das Ende eines Satzes, in dem „太" verwendet wurde, wird die Partikel „了" gestellt.

Tài hǎo le!
太 好 了！   Äußerst gut!

Chūzūchē tài shǎo le!
出租车 太 少 了！   Die Taxis sind zu wenige!

Hinweis: Im Vergleich zu „非常" und „很" kann „太" kein Attribut sein. Der Ausdruck „ein äußerst guter Mensch" wird daher mit „非常好的人" übersetzt. „太好的人" ist falsch.

Das Adverb „最" drückt ein superlatives Ausmaß aus.

Tā zuì xǐhuan hē chá.
他 最 喜欢 喝 茶。   Er mag am liebsten Tee trinken.

Anhang A: Grammatik des HSK 3

Māma zuì hǎo.
妈妈 最 好。

Mama ist am besten.

更

Das Adverb „更" wird verwendet, um eine Steigerung zu formulieren.

Míngtiān huì gèng hǎo.
明天 会 更 好。

Morgen kann es besser sein.

Wǒ gèng xǐhuan páshān.
我 更 喜欢 爬山。

Bergwandern mag ich mehr.

越

Mit dem Adverb „越" kann eine logische Kette der Art „je mehr…, desto…" gebildet werden. Dazu werden ein Verb und ein Adjektiv mit dem Adverb „越" verknüpft (越 + Verb + 越 + Adjektiv).

Yǔ yuè xià yuè dà.
雨 越 下 越 大。

Je mehr es regnet, desto stärker wird es.

Tā yuè zhǎng yuè piàoliang.
她 越 长 越 漂亮。

Je mehr sie wächst, desto schöner wird sie.

☺ **Hinweis:** Es gibt eine feste Ausdrucksform „越来越…", die eine Steigerung der Form „immer … werden" bildet.

Nǐ de Hànyǔ yuèláiyuè hǎo.
你 的 汉语 越来越 好。

Dein Chinesisch wird immer besser.

Tiān yuèláiyuè hēi le.
天 越来越 黑 了。

Der Himmel wird immer dunkler.

特别

Das Adverb „特别" drückt ein besonderes Ausmaß aus.

Zhèr de xīguā tèbié tián.
这儿 的 西瓜 特别 甜。

Die hiesigen Wassermelonen sind besonders süß.

Nàge háizi tèbié ài xiào.
那个 孩子 特别 爱 笑。

Jenes Kind liebt es gerne zu lachen.

多么

Das Adverb „多么" drückt ein intensives Ausmaß aus und wird verwendet, um etwas besonders hervorzuheben. „多么" wird auch in abgekürzter Form als „多" verwendet. Meist folgt nach einem „多么" am Satzende ein „啊".

Zhèxiē háizi duōme kě'ài a!
这些 孩子 多么 可爱 啊!

Wie niedlich sind diese Kinder!

Tāmen kǎoshì kǎo de duō hǎo a!　　Wie gut haben sie die Prüfung ge-
他们 考试 考 得 多 好 啊！　　　macht!

Duōme kě'ài de háizi a!　　　　　　Ah, was für niedliche Kinder!
多么 可爱 的 孩子 啊！

Das Adverb „极" drückt ein extremes, äußerst intensives Ausmaß aus. Es steht meist hinter einem Adjektiv.

Tā chàng de hǎo jí le!　　　　　　Sie singt extrem gut.
她 唱 得 好 极 了！

Zhèli piàoliang jí le!　　　　　　　Hier ist es äußerst schön.
这里 漂亮 极 了！

Hinweis: Das Adverb „极" wird oft von einem „了" gefolgt, wenn es hinter einem Adjektiv am Satzende steht.

Das Adverb „几乎" bedeutet „nahezu".

Zhōngguó de dà chéngshì, wǒ jīhū dōu qù guò.　Die großen Städte in China
中国 的 大 城市，我 几乎 都 去 过。　　　　habe ich nahezu alle bereist.

Das Adverb „一点儿" bedeutet „ein bisschen". Steht es als Ergänzung hinter einem Adjektiv, so wird das Adjektiv gesteigert.

Kuài yìdiǎner!　　　　　　　　　　Ein bisschen schneller!
快 一点儿！

Rè yìdiǎner!　　　　　　　　　　　Ein bisschen wärmer!
热 一点儿！

Duō yìdiǎner!　　　　　　　　　　Ein bisschen mehr!
多 一点儿！

Hinweis: „一点儿" kann auch eine Mengenbeschreibung sein, siehe „*2.4 Mengenangaben*".

Anhang A: Grammatik des HSK 3

3.3 Umstand

Umstandsadverbien geben eine Auskunft zu den Gegebenheiten einer Handlung.

都

Das Adverb „都" bedeutet „alle". Es steht direkt vor dem Verb im Prädikat eines Satzes.

Wǒmen dōu kànjiàn nàge xiǎojie le. 我们 都 看见 那个 小姐 了。	Wir alle haben jenes Fräulein erblickt.
Tāmen dōu xiǎng mǎi diànnǎo. 他们 都 想 买 电脑。	Sie alle möchten einen Computer kaufen.

一起

Das Adverb „一起" bedeutet „gemeinsam" oder „zusammen". Es steht direkt vor dem Verb im Prädikat eines Satzes.

Wǒmen xiàwǔ yìqǐ qù yóuyǒng. 我们 下午 一起 去 游泳。	Wir gehen nachmittags gemeinsam zum Schwimmen.
Tāmen zài yìqǐ hē kāfēi. 他们 在 一起 喝 咖啡。	Sie trinken gerade zusammen Kaffee.

一共

Das Adverb „一共" bedeutet „insgesamt" oder „alles zusammen". Es steht vor dem Verb, das es beschreibt.

Wǒmen xuéxiào yígòng yǒu xuésheng. 我们 学校 一共 有 500 学生。	Unsere Schule hat insgesamt 500 Schüler.

☺ **Hinweis:** „一共" kann auch alleine ohne Verb stehen. In diesem Fall schwingt das Verb „haben" oder „sein" unterschwellig mit. Die Bedeutung ist in diesem Fall „insgesamt... sein", „insgesamt... haben" oder „insgesamt... kosten".

Zhèxiē yào yígòng yuán. 这些 药 一共 300 元。	Diese Medizin kostet insgesamt 300 Yuan.

只

Das Adverb „只" bedeutet „nur". Es steht direkt vor dem Verb.

Wǒ zhǐ qù guò yícì Běijīng. 我 只 去 过 一次 北京。	Ich bin nur einmal nach Peking gereist.
Wǒ zhǐ hēle liǎng bēi píjiǔ. 我 只 喝了 两 杯 啤酒。	Ich habe nur zwei Gläser Bier getrunken.

3.4 Zeit

Zeitadverbien geben Auskunft darüber, wann etwas stattgefunden hat oder stattfinden wird. Zeitadverbien stehen in der Regel vor dem Verb oder dem Adjektiv in verbialer Funktion, das sie beschreiben.

Hinweis: Auch eine Uhrzeit oder ein Datum (vgl. Abschnitt „2.2 Zeitangaben") können als Zeitangabe vor ein Verb gestellt werden.

Das Adverb „正在" drückt aus, dass etwas gerade im Moment geschieht.

Wǒmen zhèngzài kàn diànshì.	
我们 正在 看 电视。	Wir schauen gerade Fernsehen.
Tā zhèngzài jiā shuìjiào.	
他 正在 家 睡觉。	Er schläft gerade zu Hause.

Das Adverb „已经" drückt aus, dass etwas schon geschehen ist.

Tā yǐjīng dào xuéxiào le.	
他 已经 到 学校 了。	Er ist schon in der Schule angekommen.
Wǒ yǐjīng chīle fàn.	
我 已经 吃了 饭。	Ich habe schon gegessen.

Das Adverb „就" kann drei Funktionen haben. Zum einen kann „就" einen engen zeitlichen Bezug zwischen zwei Ereignissen kennzeichnen. Zum zweiten kann „就" ausdrücken, dass ein Ereignis früher eintritt, als es der Sprecher vermutet hätte. Zum dritten kann es ein Ereignis betonen.

Kennzeichnet das Adverb „就" einen engen zeitlichen Bezug zwischen zwei Ereignissen, so kann es ins Deutsche mit „sobald" oder „gleich" übersetzt werden.

| Tā hē wánle chá, jiù zǒu le. | Als sie den Tee fertig getrunken hatte, |
| 她 喝 完了 茶，就 走 了。 | ist sie gleich weggegangen. |

Kennzeichnet das Adverb „就", dass ein Ereignis früher als erwartet eingetreten ist oder eintreten wird, so kann es ins Deutsche mit „schon" übersetzt werden. In einem solchen Satz gibt es im Normalfall immer eine Zeitangabe.

| Tā liù diǎn jiù zhǔnbèi le wǎnfàn. | Er hat schon um 6 Uhr das Abendessen |
| 他 六 点 就 准备 了 晚饭。 | vorbereitet. |

Anhang A: Grammatik des HSK 3

Wenn „就" ein Ereignis betont, steht es vor dem Verb, das betont werden soll. Es kann ins Deutsche mit „doch" übersetzt werden.

Nǐ xiǎng chī shénme, wǒ jiù gěi nǐ zuò shénme.
你 想 吃 什么，我 就 给 你 做 什么。
Was du gerne isst, koche ich doch für dich.

先 Das Adverb „先" kennzeichnet, dass ein Ereignis zuerst eintreten wird. Es kann ins Deutsche mit „zuerst" übersetzt werden.

Wǒ xiān shuō jǐ jù.
我 先 说 几 句。
Ich spreche zuerst ein paar Sätze.

Nǐ xiān zuò yíxià.
你 先 坐 一下。
Setz dich zuerst kurzmal hin.

才 Das Adverb „才" kennzeichnet, dass ein Ereignis erst später eingetreten ist oder eintreten wird, als man es erwartet hätte. Es kann mit „erst (dann)" übersetzt werden. Ein Satz mit „才" wird auch in der Vergangenheitsform ohne „了" gebildet.

Tā wǎnshàng diǎn cái xiàbān.
他 晚上 10点 才 下班。
Er macht erst abends um 10 Uhr Feierabend.

Wǒ zhōngwǔ cái fāxiàn zhège wèntí.
我 中午 才 发现 这个 问题。
Ich hatte erst mittags dieses Problem entdeckt.

一直 Das Adverb „一直" kennzeichnet ein kontinuierliches Ereignis und bedeutet „ununterbrochen".

Tā de chéngjì yìzhí hěn hǎo.
他 的 成绩 一直 很 好。
Seine Leistungen sind ununterbrochen sehr gut.

Tiān yìzhí zài xiàyǔ.
天 一直 在 下雨。
Es regnet ununterbrochen.

Wǒ yìzhí ài nǐ.
我 一直 爱 你。
Ich liebe dich immer.

总是 Das Adverb „总是" drückt aus, dass etwas regelmäßig oder stetig ist. Es kann ins Deutsche mit „stets" übersetzt werden.

Tā zǒngshì hěn máng.
他 总是 很 忙。
Er ist stets sehr beschäftigt.

Tā měicì lái zhèr, zǒngshì xǐhuan zhù zài zhèjiā bīnguǎn.
她 每次 来 这儿，总是 喜欢 住 在 这家 宾馆。

Jedes Mal, wenn sie hierher kommt, mag sie es stets, in diesem Hotel zu übernachten.

Das Adverb „马上" drückt aus, dass etwas sofort geschieht. Es kann ins Deutsche mit „sofort" übersetzt werden.

Qǐng ānjìng, jiémù mǎshàng kāishǐ.
请 安静，节目 马上 开始。

Ruhe bitte, die Aufführung fängt sofort an.

Mǎshàng guòlái ba!
马上 过来 吧！

Bitte komm sofort her!

Um auszudrücken, dass etwas nur eine sehr kurze Zeit dauert, wird im Chinesischen das Adverb „一下" verwendet. „一下" steht hinter dem Verb. Es kann ins Deutsche mit „kurz" übersetzt werden.

Qǐng děng yí xià.
请 等 一 下。

Bitte warte kurz.

Wǒ hē yí xià kāfēi.
我 喝 一 下 咖啡。

Ich trinke kurz Kaffee.

Hinweis: „一下" wird auch verwendet, um einen Satz angenehmer klingen zu lassen. Diese Bedeutung kann das Wort „kurz" im Deutschen genauso besitzen.

Das Adverb „一会儿" kennzeichnet etwas als von kurzer Dauer. Es steht hinter dem Verb und kann mit „ein bisschen" oder „eine kurze Weile" übersetzt werden. Das Gefühl der Zeitdauer ist bei „一会儿" länger als bei „一下".

Tā zuòle yíhuìr.
她 坐了 一会儿。

Sie hatte sich ein bisschen hingesetzt.

Qǐng děng yíhuìr.
请 等 一会儿。

Bitte warte ein bisschen.

3.5 Art und Weise

Modaladverbien geben Auskunft über die Qualität oder Art und Weise eines Vorgangs oder einer Sache. Sie geben genauere Information darüber. Modaladverbien stehen vor dem Verb oder dem Adjektiv in verbialer Funktion, das sie beschreiben.

Anhang A: Grammatik des HSK 3

也   Das Adverb „也" bedeutet „auch".

Wǒ yě hěn lèi.
我 也 很 累。   Ich bin auch sehr müde.

Wǒ yě sān yuè qù Běijīng.
我 也 三 月 去 北京。   Ich fahre auch im März nach Peking.

还   Das Adverb „还" bedeutet „noch".

Tā hái méi qǐchuáng.
他 还 没 起床。   Er ist noch nicht aufgestanden.

Wǒ hái méiyǒu chīfàn.
我 还 没有 吃饭。   Ich habe noch nicht gegessen.

真   Das Adverb „真" verstärkt einen Sachverhalt. Es kann ins Deutsche mit „echt" oder „wirklich" übersetzt werden.

Nǐ de zì xiě de zhēn piàoliang.
你 的 字 写 得 真 漂亮。   Deine Schriftzeichen sind echt schön geschrieben.

Zhè jiàn yīfu zhēn piányi.
这 件 衣服 真 便宜。   Dieses Kleidungsstück ist wirklich preiswert.

终于 Das Adverb „终于" bedeutet „endlich".

Kǎoshì zhōngyú jiéshù le.
考试 终于 结束 了。   Die Prüfung ist endlich zu Ende.

Wǒmen zhōngyú dào Běilīng le.
我们 终于 到 北京 了。   Wir sind endlich in Peking angekommen.

其实 Das Adverb „其实" bedeutet „eigentlich" oder „tatsächlich".

Zhè dào tí qíshí hěn róngyì.
这 道 题 其实 很 容易。   Diese Frage ist tatsächlich sehr leicht.

Tā qíshí méiyǒu qián le.
她 其实 没有 钱 了。   Sie hat eigentlich kein Geld mehr.

当然 Das Adverb „当然" bedeutet „selbstverständlich" oder „sicherlich".

Nà yàng zuò dāngrán bù xíng.
那 样 做 当然 不 行。   Das so zu machen, ist sicherlich nicht erlaubt.

Māma dāngrán dānxīn háizi.
妈妈 当然 担心 孩子。

Mutter macht sich sicherlich um die Kinder Sorgen.

3.6 Folge

Adverbien der Folge verknüpfen Sachverhalte. Adverbien der Folge stehen vor dem Verb oder dem Adjektiv in verbialer Funktion, das sie beschreiben.

Das Adverb „再" bedeutet „wieder".

Qǐng zài lái!
请 再 来！

Bitte komm wieder!

Qǐng zài hē yì bēi chá!
请 再 喝 一 杯 茶！

Bitte trinke noch eine Tasse Tee!

Das Adverb „又" bedeutet „schon wieder".

Jīntiān tā yòu chídào le.
今天 他 又 迟到 了。

Heute hat er sich schon wieder verspätet.

Nǐ wèi shénme yòu lái le?
你 为 什么 又 来 了？

Warum bist du schon wieder gekommen?

Hinweis: Was ist der Unterschied zwischen „再" und „又"? Das Adverb „再" bezieht sich immer auf die Zukunft. „又" bezieht sich immer auf ein vergangenes Ereignis. Bei „又" schwingt zusätzlich eine negative Wertung mit.

Das Adverb „经常" bedeutet „oft".

Zuìjìn tā jīngcháng qù páshān.
最近 他 经常 去 爬山。

Seit kurzem geht er oft zum Bergsteigen.

Wǒ jīngcháng zài túshūguǎn dú shū.
我 经常 在 图书馆 读书。

Ich bin oft in der Bibliothek und lese Bücher.

3.7 Frageadverbien

Frageadverbien dienen dazu, Fragen zu formulieren. Im chinesischen Satz stehen sie bei dem Satzteil, zu dem Information angefragt wird. Siehe hierzu Abschnitt „*10.2 Bestimmungsfragen*".

4 Konjunktionen

Eine Konjunktion verbindet zwei Satzteile.

和

Eine wichtige Konjunktion ist „和" (und). Sie verbindet im Chinesischen hauptsächlich zwei Substantive, allerdings keine Sätze.

Wǒ mǎile píngguǒ hé cài. 我买了苹果和菜。	Ich habe Äpfel und Gemüse gekauft.
Tā hé tā de péngyou xiǎng lái zhèlǐ. 他和他的朋友想来这里。	Er und sein Freund wollen hierher kommen.

☺ **Achtung:** Im Deutschen kann das Wort „und" vielfältiger eingesetzt werden als im Chinesischen. Dadurch tendieren Deutsche dazu, mit der Konjunktion „和" auch Sätze zu verbinden. Das geht im Chinesischen nicht!

☺ **Hinweis:** Werden Personalpronomen aufgezählt, kommt im Chinesischen zuerst „ich" und dann die anderen. „Du und ich" heißt daher „我和你". Die im Deutschen höfliche Art, das Ich nach hinten zu stellen, klingt im Chinesischen ungewöhnlich.

因为
所以

Die beiden Konjunktionen „因为" (weil) und „所以" (deshalb) verbinden zwei Sätze, die zusammen eine logische Folge bilden.

Yīnwéi tā shēngbìng le, 因为她生病了，	Weil sie krank geworden ist,
suǒyǐ tā bú zài gōngsī. 所以她不在公司。	deshalb ist sie nicht in der Firma.

但是

Die Konjunktion „但是" (aber) verbindet zwei Gegensätze. Sie kann ins Deutsche mit „aber" oder „trotzdem" übersetzt werden.

Tā bìng le, dànshì hái zài gōngzuò. 他病了，但是还在工作。	Er ist krank, aber trotzdem arbeitet er noch.
Tā suì le, dànshì shēntǐ hěn hǎo. 他 90 岁了，但是身体很好。	Er ist 90 Jahre alt, aber körperlich noch sehr fit.

虽然

Die Konjunktion „虽然" (zwar, obwohl) verbindet zwei scheinbare Gegensätze. Oft wird „虽然" in Verbindung mit „但是" benutzt.

Fángzi suīrán jiùle, dànshì hěn gānjìng. 房子虽然旧了，但是很干净。	Das Haus ist zwar alt, aber sehr sauber.

Suīrán wǒ hěn pàng, dànshì wǒ bú pà rè.
虽然 我 很 胖，但是 我 不 怕 热。

Ich bin zwar sehr dick, habe aber keine Angst vor Hitze.

Die Konjunktion „而且" verknüpft zwei Sätze mit einem „und auch".

Tā huì shuō Hànyǔ, érqiě shuō de hěn hǎo.
她 会 说 汉语，而且 说 得 很 好。

Sie kann Chinesisch sprechen und spricht auch sehr gut.

Tā huì yóuyǒng, érqiě yóu de hěn kuài.
他 会 游泳，而且 游 得 很 快。

Er kann schwimmen und schwimmt auch sehr schnell.

Hinweis: Im HSK 3 wird nur die kurze Form von „而且" verwendet. Die lange Form heißt eigentlich „不仅…, 而且…" (bùjǐn…, érqiě…) und bedeutet „nicht nur…, sondern auch…".

Die Konjunktion „然后" (danach) bringt zwei Ereignisse in eine zeitliche Abfolge. „然后" kennzeichnet dabei das nachfolgende Ereignis. Oft wird „然后" in Kombination mit „先" benutzt.

Xiān chīfàn, ránhòu qù kàn diànyǐng.
先 吃饭，**然后** 去 看 电影。

Wir essen erst, dann gehen wir Kino schauen.

Die Konjunktion „如果" (wenn, falls) verknüpft eine Bedingung mit einem Ereignis.

Rúguǒ dàjiā dōu tóngyì, jiù zhèyàng juédìng le.
如果 大家 都 同意，就 这样 决定 了。

Wenn alle einverstanden sind, ist es doch so entschieden.

Die Konjunktion „一边" verknüpft zwei gleichzeitige Handlungen. Wichtig ist, dass bei einer Konstruktion mit „一边" beide Handlungen das gleiche Subjekt haben.

Tā yìbiān shàngwǎng, yìbiān tīng yīnyuè.
他 一边 上网，一边 听 音乐。

Während er im Internet surft, hört er Musik.

Die Konjunktion „或者" verknüpft zwei Alternativen nach dem Schema „entweder… oder…".

Gěi wǒ dǎ diànhuà huòzhě fā diànzǐ yóujiàn
给 我 打 电话 **或者** 发 电子 邮件
dōu kěyǐ.
都 可以。

Entweder mich anrufen oder eine Email schreiben, beides geht.

Anhang A: Grammatik des HSK 3

还是

Die Konjunktion „还是" (oder) verknüpft zwei Alternativen. „还是" steht dabei zwischen den beiden Alternativen. Die erste Alternative kann dabei mit einem „是" vor dem Verb eingeleitet werden. Das „是" kann auch weggelassen werden.

Wǒmen shì dǎ chē háishì zuò dìtiě?
我们 是 打 车 还是 坐 地铁？
Rufen wir ein Taxi oder fahren wir mit der U-Bahn?

Nǐ xiǎng hē chá háishì xiǎng hē kāfēi?
你 想 喝 茶 还是 想 喝 咖啡？
Möchtest du Tee oder Kaffee trinken?

☺ **Achtung:** Es ist nur möglich, mit „还是" zwei Sätze zu verknüpfen. Zwei Substantive können mit „还是" nicht verknüpft werden. Der Satz „你想喝茶还是咖啡？" ist also falsch!

☺ **Wichtig:** Beide mit „还是" verknüpften Sätze müssen über ein Verb verfügen. Ist das Verb „是", so entfällt es im zweiten Satz (z.B. „你是老师，还是学生？").

☺ **Hinweis:** Was ist der Unterschied zwischen „或者" und „还是"? „或者" ist ein „oder" in einem Aussagesatz. „还是" ist ein „oder" in einem Fragesatz.

又...又

Das Adverb „又" kann auch als Konjunktion verwendet werden und zwei Adjektive verbinden. In diesem Fall wird vor beide Adjektive „又" gestellt. Eine Konstruktion mit „又...又" kann ins Deutsche mit „sowohl... als auch" oder „und" übersetzt werden.

Tā de tóufa yòu hēi yòu cháng.
她 的 头发 又 黑 又 长。
Ihre Haare sind schwarz und lang.

Tā de zì xiě de yòu kuài yòu hǎo.
他 的 字 写 得 又 快 又 好。
Er schreibt sowohl schnell als auch gut.

5 Präpositionen

Eine Präposition dient dazu, einen räumlichen, zeitlichen oder logischen Bezug auszudrücken. Sie steht vor dem Wort, das sie näher beschreibt.

在

Die Präposition „在" kennzeichnet einen Ort. Sie kann ins Deutsche mit „in" oder „bei" übersetzt werden.

Wǒ de péngyou zhù zài Běijīng.
我 的 朋友 住 在 北京。
Mein Freund wohnt in Peking.

Wǒ de tóngxué xiànzài zài jiā.
我 的 同学 现在 在 家。

Mein Mitschüler ist jetzt zu Hause.

Die Präposition „从" kennzeichnet einen räumlichen oder zeitlichen Startpunkt. Sie kann ins Deutsche mit „von" oder „aus" übersetzt werden.

Tā cóng Zhōngguó huílái le.
他 从 中国 回来 了。

Er ist aus China zurückgekehrt.

Cóng jǐ diǎn dào jǐ diǎn?
从 几 点 到 几 点？

Von wie viel bis wie viel Uhr?

Die Präposition „对" kennzeichnet eine Richtung in logischem Sinne. „对" kann ins Deutsche mit „zu" übersetzt werden.

Tā duì wǒ hěn hǎo.
他 对 我 很 好。

Er ist zu mir sehr gut.

Māma duì háizi shuō: "Guò lái!"
妈妈 对 孩子 说："过 来！"

Mama sagt zu dem Kind: „Komm herüber!"

Die Präposition „比" kennzeichnet einen Vergleich. „比" kann ins Deutsche mit „als" oder „verglichen mit" übersetzt werden.

Wǒ bǐ tā gāo.
我 比 他 高。

Ich bin größer als er.

Fēijī bǐ zìxíngchē kuài.
飞机 比 自行车 快。

Ein Flugzeug ist schneller als ein Fahrrad.

Die Präposition „向" kennzeichnet eine Richtung. „向" kann ins Deutsche mit „nach" übersetzt werden.

Xiàng zuǒ zǒu.
向 左 走。

Nach links gehen.

Xiàng qián zǒu.
向 前 走。

Nach vorne gehen.

Die Präposition „离" kennzeichnet den Ausgangsort einer Entfernungsangabe. „离" bedeutet im Deutschen „von... gelegen" oder „von... entfernt".

Huǒchēzhàn lí gōngsī hěn jìn.
火车站 离 公司 很 近。

Der Bahnhof ist von der Firma aus sehr nahe gelegen.

Anhang A: Grammatik des HSK 3

Jīchǎng lí zhèr hěn yuǎn. 机场 离 这儿 很 远。	Der Flughafen ist von hier sehr weit entfernt.

跟 Die Präposition „跟" kennzeichnet eine Zusammengehörigkeit. „跟" kann ins Deutsche mit „mit" übersetzt werden.

Nǐ gēn wǒmen yìqǐ qù ba! 你 跟 我们 一起 去 吧！	Geh doch mit uns zusammen hin!
Qǐng gēn wǒ lái! 请 跟 我 来！	Bitte komm mit mir mit!

为 Die Präposition „为" kennzeichnet einen Bezug. „为" kann ins Deutsche mit „für" oder „um" übersetzt werden.

Bú yào wèi wǒ dānxīn. 不 要 为 我 担心。	Mach dir keine Sorgen um mich.
Bú yào wèi wǒ nánguò. 不 要 为 我 难过。	Du brauchst nicht meinetwegen traurig zu sein.

为了 Die Präposition „为了" kennzeichnet einen Zweck oder ein Ziel. „为了" kann ins Deutsche mit „damit" oder „um zu" übersetzt werden.

Wèile jiějué huánjìng wèntí, rénmen 为了 解决 环境 问题，人们 xiǎngle hěnduō bànfǎ. 想了 很多 办法。	Um das Umweltproblem zu lösen, haben die Menschen viele Lösungen erarbeitet.

除了 Die Präposition „除了" hebt hervor, dass ein Thema mehrere Aspekte hat. „除了" kann ins Deutsche mit „außer" oder „neben" übersetzt werden.

Chúle huàhuà'er, tā hái xǐhuan tiàowǔ. 除了 画画儿，她 还 喜欢 跳舞。	Neben Malen mag sie auch noch Tanzen.
Chúle wǒ, méiyǒu rén zhīdào zhè jiàn shì. 除了我，没有 人 知道 这 件 事。	Außer mir weiß niemand von dieser Angelegenheit.

把 Die Präposition „把" ist eine Betonungspartikel. Sie kennzeichnet ein vorgezogenes Objekt, das eigentlich bei normaler Satzstellung weiter hinten im Satz stehen würde.

Qǐng bǎ kōngtiáo dǎkāi.
请 把 空调 打开。

Bitte die Klimaanlage einschalten.

Wǒ bǎ guǒzhī hē wán le.
我 把 果汁 喝 完 了。

Den Saft habe ich ausgetrunken.

Tā bǎ chē kāi zǒu le.
他 把 车 开 走 了。

Den Wagen hat er weggefahren.

Qǐng bǎ shuǐ gěi wǒ.
请 把 水 给 我。

Das Wasser gib mir bitte.

Hinweis: „把" darf nur dann verwendet werden, um ein Objekt nach vorne zu ziehen, wenn anschließend eine Konsequenz oder Richtung beschrieben wird.

„被" ist eine Passivpartikel. „被" kennzeichnet als Präposition den Akteur eines Passivsatzes und kann ins Deutsche mit „von" übersetzt werden.

Yú bèi xiǎomāo chīle.
鱼 被 小猫 吃了。

Der Fisch wurde von der kleinen Katze gefressen.

Diànhuà bèi xiǎo háizi wán huài le.
电话 被 小孩子 玩 坏 了。

Das Telefon wurde von dem kleinen Kind kaputt gespielt.

Die Präposition „关于" kennzeichnet etwas, zu dem im nachfolgenden Satz detailliertere Information folgt. „关于" kann ins Deutsche mit „bezüglich" oder „über" übersetzt werden.

Guānyú zhè duàn lìshǐ, wǒ zhīdào de hěn shǎo.
关于 这 段 历史，我 知道 得 很 少。

Über diesen Geschichtsabschnitt weiß ich sehr wenig.

6 Hilfsverben

Ein Hilfsverb ist im Chinesischen ein Verb, das nicht alleine als Prädikat eines Satzes verwendet werden kann. Es ergänzt ein Vollverb um zusätzliche Informationen. Das Hilfverb wird vor das Vollverb gestellt, das es näher beschreibt.

Das Hilfverb „会" kennzeichnet eine erworbene Fertigkeit. Es entspricht im Deutschen dem Wort „können".

Wǒ huì shuō Hànyǔ.
我 会 说 汉语。

Ich kann Chinesisch sprechen.

Nǐ de péngyou huì yóuyǒng ma?
你的 朋友 会 游泳 吗？

Kann dein Freund schwimmen?

279

Anhang A: Grammatik des HSK 3

能 Das Hilfsverb „能" hat zwei Bedeutungen. Die erste entspricht derjenigen von „会".

Tā néng shuō Hànyǔ.
他 能 说 汉语。 Er kann Chinesisch sprechen.

Die zweite beschreibt, ob etwas im Rahmen einer objektiven Regel möglich oder erlaubt ist. Es entspricht im Deutschen den Wörtern „können" und „dürfen".

Nǐ shénme shíhou néng huí jiā?
你 什么 时候 能 回 家？ Wann darfst du nach Hause kommen? *(Arbeit ist erledigt.)*

Nǐ néng xiànzài dǎ diànhuà.
你 能 现在 打 电话。 Du kannst jetzt telefonieren. *(Das Telefon ist frei.)*

☺ Das folgende Beispiel verdeutlich den Unterschied zwischen „会" und „能":

Wǒ huì yóuyǒng, dànshì xiànzài xià
我 会 游泳，但是 现在 下
dà yǔ, wǒ bù néng qù wàimiàn yóuyǒng.
大 雨，我 不 能 去 外面 游泳。 Ich kann schwimmen. Aber jetzt regnet es so stark, dass ich nicht nach draußen zum Schwimmen gehen kann.

可以 Das Hilfsverb „可以" beschreibt, ob etwas erlaubt ist (durch eine andere Person). Es kann ins Deutsche mit „dürfen" oder „erlaubt sein" übersetzt werden.

Xiànzài nǐ kěyǐ zǒu le.
现在 你 可以 走 了。 Jetzt darfst du gehen.

Wǒ kěyǐ hē zhèli de shuǐ ma?
我 可以 喝 这里 的 水 吗？ Darf ich das Wasser hier trinken?

☺ **Achtung:** Die Verneinung von „可以" heißt „不能"!

Xiànzài nǐ bú néng zǒu.
现在 你 不 能 走。 Jetzt darfst du nicht gehen.

要 Das Hilfsverb „要" beschreibt einen Zwang oder ein starkes Bedürfnis. Es entspricht im Deutschen den Wörtern „müssen" und „wollen".

Wǒ yào xué yóuyǒng.
我 要 学 游泳。 Ich will schwimmen lernen.

Wǒ tài lèi le, wǒ yào shuìjiào.
我 太 累 了， 我 要 睡觉。

Ich bin extrem müde. Ich muss schlafen.

Das Hilfsverb „可能" beschreibt, ob etwas wahrscheinlich oder möglich ist. Es kann ins Deutsche mit „wahrscheinlich sein" oder „sein können" übersetzt werden.

可能

Míngtiān kěnéng xià yǔ.
明天 可能 下 雨。

Es ist wahrscheinlich, dass es morgen regnet.

Tā kěnéng jīntiān bù lái gōngzuò.
他 可能 今天 不 来 工作。

Es kann sein, dass er heute nicht zur Arbeit kommt.

Das Verb „想" hat im Chinesischen zwei Bedeutungen: Als Hilfsverb mit der Bedeutung „möchten" oder als Vollverb mit den Bedeutungen „denken", „vermissen" oder „überlegen".

想

Wǒ xiǎng qù Běijīng.
我 想 去 北京。

Ich möchte nach Peking fahren.

Wǒ zhōngwǔ xiǎng chī mǐfàn.
我 中午 想 吃 米饭。

Ich möchte mittags Reis essen.

Nǐ xiǎng shénme?
你 想 什么？

An was denkst du?

Wǒ hěn xiǎng wǒ māma.
我 很 想 我 妈妈。

Ich vermisse meine Mutter sehr.

Achtung: Steht „想" alleine ohne ein zweites Verb, bedeutet es „denken" oder „vermissen". Soll die Bedeutung „möchten" sein, muss (!) im Chinesischen ein zweites Verb verwendet werden. Ein lapidares „我想" bedeutet daher: ich denke nach, ich glaube; aber eben nicht: ich möchte.

Das Hilfsverb „应该" beschreibt einen Zwang oder eine Notwendigkeit. Es entspricht im Deutschen dem Wort „sollen".

应该

Wǒmen yīnggāi zài zhōumò kāihuì.
我们 应该 在 周末 开会。

Wir sollten uns am Wochenende besprechen.

Tāmen xiànzài yīnggāi gàosu tā.
我们 现在 应该 告诉 他。

Wir sollten ihn jetzt informieren.

Anhang A: Grammatik des HSK 3

愿意   Das Hilfsverb „愿意" beschreibt die Bereitschaft, etwas zu tun. Es entspricht im Deutschen dem Ausdruck „gewillt sein".

Nǐ yuànyì hé wǒ jiéhūn ma?
你 **愿意** 和 我 结婚 吗？   Willst du mich heiraten?

Tā yuànyì bāngzhù wǒ bān jiā.
他 **愿意** 帮助 我 搬 家。   Er ist gewillt, mir beim Umzug zu helfen.

敢   Das Hilfsverb „敢" beschreibt, den Mut zu haben, etwas zu tun. Es entspricht im Deutschen dem Ausdruck „sich getrauen".

Nǐ gǎn qí mǎ ma?
你 **敢** 骑 马 吗？   Traust du dich, auf dem Pferd zu reiten?

Nǐ gǎn zài hé lǐ yóuyǒng ma?
你 **敢** 在 河 里 游泳 吗？   Du traust dich, in dem Fluss zu schwimmen?

爱 喜欢   Es gibt im Chinesischen einige Vollverben, die sehr ähnlich wie Hilfsverben verwendet werden. Dazu gehören „爱" und „喜欢", denn sie stehen sehr oft vor einem anderen Verb. Es sind aber keine Hilfsverben.

Wǒ māma ài hē chá.
我 妈妈 **爱** 喝 茶。   Meine Mutter liebt es, Tee zu trinken.

Wǒ xǐhuan kàn diànshì.
我 **喜欢** 看 电视。   Ich mag es, Fernsehen zu schauen.

☺   **Achtung:** Steht „爱" alleine ohne ein zweites Verb, bedeutet es „lieben" in emotionalem Sinne, also im Sinne von „我爱她" oder „我爱中国". Soll eine Vorliebe geäußert werden, so muss im Chinesischen ein Verb an „爱" angehängt werden. „Ich liebe Tee" heißt im Chinesischen also „我爱喝茶". Das gleiche gilt für „喜欢". Der Satz „我喜欢电视" macht im Chinesischen keinen Sinn, weil zwischen dem Sprecher und einem Fernseher wohl kaum ein emotionales Band entstehen kann. Auch hier gilt: „Ich liebe Fernsehen" heißt im Chinesischen „我喜欢看电视". Im Deutschen wird dieses zweite Verb gerne weggelassen, weil klar ist, worum es geht. Im Chinesischen ist das zu ungenau.

7 Hilfswörter

Ein Hilfswort ist ein Wort, das im chinesischen Satz eine grammatikalische Funktion ausübt. Die Hilfswörter werden auch oft als Grammatikpartikel bezeichnet. Wichtige Hilfswörter sind: 的, 得, 地, 了, 吗, 呢, 吧, 着 und 过.

Die Partikel „的" ist eine Verbindungspartikel und verbindet ein Pronomen, ein Nomen oder ein Adjektiv mit einem Nomen. Die Partikel „的" steht zwischen den beiden Ausdrücken, die sie verbindet. Achtung: Das beschreibende Attribut kommt immer zuerst!

„的" als Verbindung zwischen einem Pronomen und einem Nomen:

Tā shì wǒ de tóngxué.
他是我的同学。

Er ist mein Mitschüler.

„的" als Verbindung zwischen einem Nomen und einem Nomen:

Tāmen shì xuéxiào de lǎoshī.
他们是学校的老师。

Sie sind Lehrer der Schule.

„的" als Verbindung zwischen einem Adjektiv und einem Nomen:

Běijīng yǒu hěn duō de dà gōngsī.
北京有很多的大公司。

Peking hat sehr viele große Firmen.

Ist durch den Kontext eines Textes oder Gesprächs klar, welche beiden Dinge verbunden werden oder was hinter dem „的" stehen würde, so kann der Ausdruck hinter der Partikel „的" weggelassen werden.

Shū shì gēge de.
书是哥哥的。

Das Buch ist das meines älteren Bruders.

Nàge bēizi shì wǒ de.
那个杯子是我的。

Jener Becher ist meiner.

Zhè jiàn yīfu shì zuì piányi de.
这件衣服是最便宜的。

Dieses Kleidungsstück ist das billigste.

Wǒ mǎile yìxiē chī de.
我买了一些吃的。

Ich habe einiges Essbares gekauft.

Nàbiān dǎ diànhuà de shì wǒ zhàngfu.
那边打电话的是我丈夫。

Jener Telefonierende ist mein Ehemann.

Anhang A: Grammatik des HSK 3

→ Die Partikel „的" kann in Verbindung mit „是" verwendet werden, um Satzteile in einem Satz, der in der Zeitform der Vergangenheit steht, zu betonen. Dies ist in Abschnitt *„14.1 Vergangenheit"* beschrieben.

得 Die Partikel „得" ist ein Strukturhilfswort, um ein Verb und eine Bewertung zu verbinden. Die Bewertung wird meist durch ein Adjektiv beschrieben. Die Partikel „得" steht hinter dem Verb und vor dem Adjektiv, die verbunden werden.

Nǐ shuō de hěn duì.
你 说 得 很 对。 — Das hast du sehr richtig gesagt.

Tā pǎo de hěn kuài.
她 跑 得 很 快。 — Sie läuft sehr schnell.

地 Die Partikel „地" hat die Funktion, ein Adjektiv mit einem Verb zu verknüpfen. Das Verb wird durch das Adjektiv in seiner Art und Weise beschrieben.

Tā gāoxìng de xiàole.
她 高兴 地 笑了。 — Sie lachte freudig.

Tā nánguò de shuō.
他 难过 地 说。 — Er sagt es traurig.

的 地 得 Die folgende Tabelle fasst den Unterschied zwischen „的", „地" und „得" im HSK 3 nochmal zusammen:

Hilfswort	Reihenfolge	Beispiel
的	Nomen + 的 + Nomen	学校的老师
	Pronomen + 的 + Nomen	我的书
	Adjektiv + 的 + Nomen	可爱的孩子
地	Adjektiv + 地 + Verb	高兴地笑
得	Verb + 得 + Adjektiv	跑得快

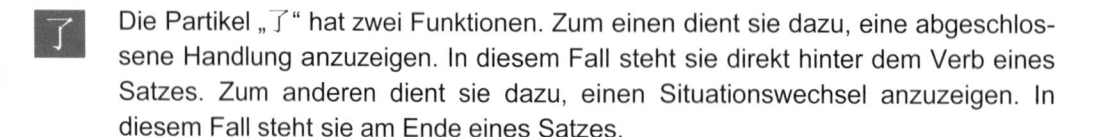

了 Die Partikel „了" hat zwei Funktionen. Zum einen dient sie dazu, eine abgeschlossene Handlung anzuzeigen. In diesem Fall steht sie direkt hinter dem Verb eines Satzes. Zum anderen dient sie dazu, einen Situationswechsel anzuzeigen. In diesem Fall steht sie am Ende eines Satzes.

Anhang A: Grammatik des HSK 3

Yīshēng zhōngwǔ qùle yīyuàn. 医生 中午 去了 医院。	Der Arzt war mittags ins Krankenhaus gegangen.

Hier ein Beispiel für einen Situationswechsel:

Yīshēng qù yīyuàn le. Tā bú zài. 医生 去 医院 了。他 不 在。	Der Arzt ist ins Krankenhaus gegangen. Er ist nicht da.
Tiān rè le. 天 热 了。	Das Wetter ist warm geworden.

Bei Verben, die im Chinesischen ein Objekt benötigen, im Deutschen aber nicht, ist es manchmal schwierig, die Vergangenheitsform zu bilden. Deutsche tendieren dazu, die Partikel hinter den gesamten Ausdruck zu stellen. Was aber falsch ist, da die Vergangenheitspartikel direkt hinter das Verb gehört. Hier ein paar Beispiele:

chīfàn chīle fàn 吃饭 → 吃了 饭	essen → gegessen haben
shuìjiào shuìle jiào 睡觉 → 睡了 觉	schlafen → geschlafen haben
shuōhuà shuōle huà 说话 → 说了 话	sich unterhalten → sich unterhalten haben
pǎobù pǎole bù 跑步 → 跑了 步	laufen → gelaufen sein

Die beiden Partikel „吗" und „呢" sind Fragepartikel. Sie stehen am Ende eines Satzes, siehe auch „*10.1 Entscheidungsfragen*".

吗
呢

Nǐ xiǎng zuò fēijī qù ma? 你 想 坐飞机 去 吗？	Möchtest du mit dem Flugzeug hinfliegen?
Nǐ xǐhuan mǎi dōngxi ma? 你 喜欢 买 东西 吗？	Magst du Einkaufen?
Nǐ de diànnǎo ne? 你 的 电脑 呢？	Und dein Computer?
Nàjiā yīyuàn ne? 那家 医院 呢？	Und jenes Krankenhaus?

→ Eine weitere Verwendung der Partikel „呢" ist in Abschnitt 14.4 beschrieben.

Anhang A: Grammatik des HSK 3

吧   Die Partikel „吧" ist eine Vermutungspartikel. Sie steht am Ende eines Aussagesatzes oder eines Fragesatzes (vgl. auch „*10.1 Entscheidungsfragen*").

Xiànzài kuài diǎn le ba?
现在 快 10 点 了 吧？   Ist es jetzt gleich 10 Uhr?

Nǐ shì Zhōngguórén ba?
你 是 中国人 吧？   Du bist vermutlich Chinese?

着   Die Partikel „着" ist eine Durativpartikel und beschreibt einen anhaltenden Zustand. „着" steht hinter dem zugehörigen Verb.

Tāmen tīngzhe gē.
他们 听着 歌。   Sie hören Lieder.

Wàimiàn xiàzhe yǔ.
外面 下着 雨。   Draußen regnet es.

☺   **Unterschied** „地" und „着": Die Partikel „着" steht zusammen mit einem Verb (z.B. „笑着"). Die Partikel „地" steht immer mit einem Adjektiv (z.B. „难过地").

过   Die Partikel „过" kennzeichnet eine vergangene Handlung. Sie sagt also aus, dass etwas schon einmal in der Vergangenheit stattgefunden hat. Sie steht hinter dem Verb eines Satzes.

Wǒ xuéguo Hànyǔ.
我 学过 汉语。   Ich habe schon mal Chinesisch gelernt.

8 Verbverdopplung

Im Chinesischen gibt es die Möglichkeit, über eine Verbverdopplung einen Satz sanfter zu formulieren. Das entspricht im Deutschen der Verwendung von Wörtern wie „kurz mal" oder „doch mal".

Wenn ein Verb nur aus einer Silbe besteht, so wird die Verdopplung gebildet, indem das Verb wiederholt und zwischen die beiden Verben das Wort „一" gestellt wird. In der Kurzform der Verbverdopplung kann das „一" weggelassen werden.

Ràng wǒ xiǎngyixiǎng.
让 我 想一想。   Lass mich mal kurz nachdenken.

Nǐ chuānyichuān zhè jiàn yīfu.
你 穿一穿 这 件 衣服。

Zieh doch mal dieses Kleidungsstück an.

Nǐ qù wènwen tā!
你 去 问问 他！

Geh doch mal hin und frage sie!

Wenn ein Verb aus mehreren Silben besteht, so wird die Verbverdopplung gebildet, indem das Verb wiederholt wird.

Nǐmen rènshirènshi ba!
你们 认识认识 吧！

Lernt euch doch kurz mal kennen!

9 Aussagesätze

Ein Aussagesatz stellt eine Behauptung auf. Ein chinesischer Aussagesatz besteht in seiner einfachsten Form aus den zwei Satzgliedern Subjekt und Prädikat oder den drei Satzgliedern Subjekt, Prädikat und Objekt.

Ein chinesischer Aussagesatz kann drei Arten von Prädikaten enthalten: ein Verb als Prädikat, ein Adjektiv als Prädikat oder ein Substantiv als Prädikat.

9.1 Verb als Prädikat

Ein Verb als Prädikat zu verwenden, entspricht der Verwendung im Deutschen, so dass es hier keiner weiteren Erklärung bedarf.

Wǒmen shì tóngxué.
我们 是 同学。

Wir sind Mitschüler.

Yìnián yǒu shí'èr ge yuè.
一年 有 12 个 月。

Ein Jahr hat zwölf Monate.

Wǒ hē chá.
我 喝 茶。

Ich trinke Tee.

Wǒmen rènshi.
我们 认识。

Wir kennen uns.

9.2 Adjektiv als Prädikat

Im Chinesischen kann auch ein Adjektiv (warm, gut ...) als Prädikat verwendet werden. Das gibt es so im Deutschen nicht. Bei einer Übersetzung ins Deutsche muss dann ein Verb ergänzt werden.

Nǐ de érzi dà le.
你的儿子大了。

Dein Sohn ist groß geworden.

Tiānqì hěn rè.
天气 很 热。

Das Wetter ist sehr warm.

☺ **Achtung:** Deutsche machen oft den Fehler, „是" vor das chinesische Adjektiv zu stellen, das als Prädikat verwendet wird. Denn im Deutschen kann ein Adjektiv alleine kein Prädikat sein. Man sollte sich bewusst machen, dass im Chinesischen das Verb „sein" bei einem Adjektiv immer automatisch mit dabei ist: so kann „大" „groß sein" oder „groß" bedeuten, „小" „klein sein" oder „klein"…

9.3 Substantiv als Prädikat

Im Chinesischen kann auch ein Substantiv als Prädikat verwendet werden. In diesem Fall handelt es sich um einen verkürzten Satz, bei dem das Verb „是" entfallen ist. Hinweis: Das ist eine sehr mündliche Ausdrucksweise.

Jīntiān yīyuè sānrì.
今天 一月 三日。

Heute ist der 3. Januar.

Míngtiān xīngqīwǔ.
明天 星期五。

Morgen ist Freitag.

10 Fragesätze

Ein Fragesatz ist ein Satz, mit dem eine Frage gestellt wird, um darauf eine Antwort zu erhalten. Es gibt zwei grundsätzliche Arten von Fragen: Entscheidungsfragen und Bestimmungsfragen. Auf eine Entscheidungsfrage kann mit „Ja" oder „Nein" geantwortet werden. Eine Bestimmungsfrage zielt darauf ab, Informationen zu einer Angelegenheit oder Sache zu erhalten.

10.1 Entscheidungsfragen

吗 Eine Entscheidungsfrage wird gebildet, indem an einen Aussagesatz die Grammatikpartikel „吗" angehängt wird. „吗" wird dann verwendet, wenn es sich um einen vollständigen Aussagesatz handelt.

Zhè shì nǐ de zhuōzi ma?
这 是 你的 桌子 吗？

Ist dies dein Tisch?

Nǐ zuótiān kànle diànyǐng ma?
你 昨天 看了 电影 吗？

Hast du gestern Kino geschaut?

Anhang A: Grammatik des HSK 3

Eine Entscheidungsfrage kann auch durch eine Positiv-Negativ-Kopplung formuliert werden, ohne eine Fragepartikel zu verwenden. Eine Positiv-Negativ-Kopplung wird gebildet, indem die positive und die negative Form eines Verbs aneinandergehängt werden.

…不…

Wǒmen jiā yǒumeiyǒu shuǐguǒ? 我们 家 有没有 水果？	Haben wir zu Hause Obst?
Nǐ xiǎngbuxiǎng mǎi zhè jiàn yīfu? 你 想不想 买 这 件 衣服？	Möchtest du dieses Kleidungsstück kaufen?

Hinweis: Zwischen einem Fragesatz mit „吗" und einem Fragesatz mit Verbverdopplung besteht bezüglich seiner Bedeutung kein Unterschied.

☺

Eine weitere Form, durch eine Positiv-Negativ-Kopplung eine Frage zu formulieren, ist es, die negativ formulierte Fragephrase „没有" an einen Satz anzuhängen. Diese Frageform kann allerdings nur für die Vergangenheit verwendet werden.

没有

Nǐ juédìngle méiyǒu? 你 决定了 没有？	Hast du dich entschieden?

Eine weitere Möglichkeit, eine Entscheidungsfrage zu formulieren, ist es, die Fragepartikel „呢" zu verwenden. „呢" wird tendenziell an kurze Satzteile gehängt und fordert den Gesprächspartner auf, sich zu entscheiden oder mehr Information zu liefern.

呢

Wǒ xiǎng hē shuǐ, nǐ ne? 我 想 喝水，你 呢？	Ich möchte Wasser trinken, und du?
Nǐmen de dōngxi ne? 你们 的 东西 呢？	Und eure Sachen?

Soll die Entscheidungsfrage als Vermutung geäußert werden, wird die Fragepartikel „吧" verwendet. „吧" stellt eine Frage in Form einer Vermutung und fordert den Gesprächspartner auf, zu bejahen oder zu verneinen und mehr Information zu liefern.

吧

Nǐ shì Zhōngguórén ba? 你 是 中国人 吧？	Du bist vermutlich ein Chinese?
Tā zǎoshang hē kāfēi ba? 她 早上 喝 咖啡 吧？	Sie trinkt morgens vermutlich Kaffee?

Anhang A: Grammatik des HSK 3

Hinweis: Eine Entscheidungsfrage kann auch durch eine Fragephrase (z.B. 好吗, 对吗 oder 可以吗) am Ende des Satzes formuliert werden. Das macht die Frage etwas sanfter. Beispiele:

Wǒmen yìqǐ qù, hǎo ma?
我们 一起 去，好 吗？
Wir gehen gemeinsam hin, OK?

Nín yào liǎng zhāng piào, duì ma?
您 要 两 张 票，对 吗？
Sie möchten zwei Karten, richtig?

Zhōngwǔ chī miàntiáo'r, kěyǐ ma?
中午 吃 面条儿，可以 吗？
Mittags Nudeln essen, wäre das OK?

10.2 Bestimmungsfragen

Bestimmungsfragen werden durch Fragewörter formuliert. Im HSK 3 geprüfte Fragewörter sind: 谁, 哪, 哪儿, 什么, 多少, 多, 几, 什么时候, 怎么, 怎么样 und 为什么. In einem Satz ersetzen Fragewörter entweder den Satzteil, nach dem gefragt werden soll, oder sie stehen bei dem Satzteil, zu dem Information angefragt wird.

谁 „谁" fragt nach einer oder mehreren Personen. Es bedeutet „wer", „wen" oder „wem".

Nàge rén shì shuí?
那个 人 是 谁？
Wer ist jener Mensch?

Shuí xiǎng xīngqīliù lái?
谁 想 星期六 来？
Wer möchte am Samstag kommen?

哪 „哪" fordert auf, aus einer Menge von Objekten ein Objekt auszuwählen. Es entspricht im Deutschen den Wörtern „welcher", „welche" und „welches".

Zhèxiē bēizi, nǐ xǐhuan nǎ yí ge?
这些 杯子，你 喜欢 哪 一 个？
Welche von diesen Tassen gefällt dir?

Tā nǎtiān huí lái?
她 哪天 回 来？
An welchem Tag kommt sie zurück?

哪儿 „哪儿" fragt nach einem Ort. Es entspricht im Deutschen dem Wort „wo".

Tāmen xiǎng qù nǎr?
他们 想 去 哪儿？
Wohin möchten sie gehen?

Chūzūchē zài nǎr?
出租车 在 哪儿？
Wo ist das Taxi?

Anhang A: Grammatik des HSK 3

„什么" fragt nach einem Satzteil. Die treffendste Übersetzung für das Wort ins Deutsche ist „was".

Tā ài chī shénme shuǐguǒ? 他爱吃 什么 水果？	Was für Obst liebt er zu essen?
Nǐ de péngyou jiào shénme? 你的 朋友 叫 什么？	Wie heißt dein Freund?

„多少", „多" und „几" fragen nach Zahlen oder Mengen. „多少" und „多" benötigen kein Zähleinheitswort. „几" wird meist zusammen mit einem Zähleinheitswort benutzt. Die Fragewörter stehen im chinesischen Satz an der Stelle, an der die Zahl stehen würde. Weitere Beispiele für die Verwendung von „几" gibt Abschnitt *2 Zahlen*.

Xuéxiào yǒu duōshao lǎoshī? 学校 有 多少 老师？	Wieviele Lehrer hat die Schule?
Fànguǎn yǒu duōshao rén? 饭馆 有 多少 人？	Wieviele Menschen sind im Restaurant?
Cóng zhèr dào Běijīng duō yuǎn? 从 这儿 到 北京 多 远？	Wie weit ist es von hier nach Peking?
Tā jǐ suì le? 他 几 岁 了？	Wie alt ist er geworden?
Nǐmen hēle jǐ bēi kāfēi? 你们 喝了 几 杯 咖啡？	Wieviele Tassen Kaffee habt ihr getrunken?

Hinweis: Es gibt viele Fälle, in denen man eine Frage mit „几" und einem Zähleinheitswort oder mit „多少" stellen könnte. Was von beiden wählt man nun? Warum heißt es „饭馆有多少人" und nicht „饭馆有几个人"? Die Antwort ist einfacher, als man denkt. „几" impliziert, dass es sich um eine kleine Zahl (< 10) handelt (vgl. auch *2.3 Altersangaben*). Ansonsten verwendet man „多少".

„什么时候" fragt danach, wann etwas geschehen ist oder geschehen soll. Es entspricht im Deutschen dem Wort „wann". Es steht im chinesischen Satz anstelle der Zeitangabe.

Tā xiǎng shénme shíhou qù Zhōngguó? 她 想 什么 时候 去 中国？	Wann möchte sie nach China gehen?
Nǐ zuótiān shénme shíhou zài xuéxiào? 你 昨天 什么 时候 在 学校？	Wann warst du gestern in der Schule?

Anhang A: Grammatik des HSK 3

怎么 Das Frageadverb „怎么" fragt danach, wie etwas gemacht wird. Es steht im chinesischen Satz vor einem Verb. Es entspricht dem deutschen Wort „wie".

Zěnme zuò mǐfàn?
怎么 做 米饭？
Wie kocht man Reis?

Wǒ zěnme xiě zhège zì?
我 怎么 写 这个 字？
Wie schreibe ich dieses Schriftzeichen?

怎么样 „怎么样" fragt genauso wie „怎么" nach dem „Wie". Allerdings ist „怎么样" ein vollwertiges Verb und benötigt kein anderes Verb, vor das es gestellt wird. Die Bedeutung von „怎么样" entspricht dem deutschen „wie … sein".

Zuò chūzūchē qù yīyuàn, zěnmeyàng?
坐 出租车 去 医院，怎么样？
Wie ist es, mit dem Taxi ins Krankenhaus zu fahren?

Nǐ jīntiān zěnmeyàng?
你 今天 怎么样？
Wie geht es dir heute?

为什么 Das Frageadverb „为什么" fragt danach, warum etwas gemacht wird. Es steht im chinesischen Satz vor einem Verb. Es entspricht dem deutschen Wort „warum".

Nǐ wèi shénme bù néng chī yú?
你 为什么 不 能 吃 鱼？
Warum kannst du nicht Fisch essen?

Nǐ wèi shénme méi xuéxí Hànyǔ?
你 为什么 没 学习 汉语？
Warum hast du nicht Chinesisch gelernt?

Das Frageadverb kann auch am Anfang eines Satzes stehen.

Wèi shénme nǐ méi xuéxí Hànyǔ?
为 什么 你 没 学习 汉语？
Warum hast du nicht Chinesisch gelernt?

11 Imperativsätze

Ein Imperativsatz ist ein Satz, der auffordert, vorschlägt oder befiehlt. Ein Imperativ wird gebildet, indem nur ein Verb oder ein Verb und ein Objekt benutzt werden. Ob ein Imperativ auffordernd oder befehlend ist, ergibt sich aus dem Kontext.

Zuò! 坐！	Setz dich! / Setz dich doch!
Hē chá! 喝 茶！	Trink Tee! / Trink doch Tee!

Soll ein höflicher Imperativ als Aufforderung gebildet werden, wird an den Anfang des Satzes „请" gestellt.

Qǐng zuò! 请 坐！	Bitte setz dich doch!
Qǐng hē chá! 请 喝 茶！	Bitte trink doch Tee!

Ein verneinter Imperativ wird gebildet, indem an den Anfang eines Satzes ein „别" gestellt wird.

Bié shuōhuà! 别 说话！	Nicht sprechen!
Bié xiànzài chīfàn! 别 现在 吃饭！	Nicht jetzt essen!

Eine sehr ernste Aufforderung, etwas nicht zu tun, wird formuliert, indem an den Anfang eines Satzes „不要" gestellt wird.

Búyào chī tài duō le! 不要 吃 太 多 了！	Nicht so viel essen!
Búyào zài zhèlǐ tī zúqiú! 不要 在 这里 踢 足球！	Nicht hier Fußball spielen!

Hinweis: Zwischen „别" und „不要" besteht in der Verwendung als Imperativ kein Unterschied. „不要" hat allerdings auch eine zweite Bedeutung: nicht benötigen.

Wǒ búyào zhè běn shū. 我 不要 这 本 书。	Ich benötige dieses Buch nicht.

Anhang A: Grammatik des HSK 3

12 Ausrufesätze

! Ein Ausrufesatz ist ein Satz, der einen Sachverhalt oder ein Gefühl in betonter Form darstellt. Er wird mit einem Ausrufezeichen gekennzeichnet. Oft wird ein Ausrufesatz von bestimmten Wörtern begleitet, die die Aussage verstärken. Hierzu gehören die Adverbien „太", „真", „多么" oder „极了". Aber auch Ausrufswörter wie „喂" oder „啊" stehen oft in Verbindung mit einem Ausrufesatz.

太 Das Adverb „太" drückt ein extremes Ausmaß aus. Es kann ins Deutsche mit „äußerst", „extrem" oder „zu..." übersetzt werden. An das Ende eines Satzes, in dem „太" verwendet wurde, wird oft die Partikel „了" gestellt.

Tài hǎo le!
太 好 了!   Äußerst gut!

Tài duō le!
太 多 了!   Zu viel!

真 Das Adverb „真" verstärkt einen Sachverhalt. Es kann ins Deutsche mit „echt" oder „wirklich" übersetzt werden.

Zhēn hǎochī!
真 好吃!   Schmeckt echt gut!

Zhēn piàoliang!
真 漂亮!   Wahrhaft hübsch!

Zhēn hǎochī de yú!
真 好吃 的 鱼!   Ein wirklich schmackhafter Fisch!

多么 Das Adverb „多么" verstärkt einen Sachverhalt. Es kann ins Deutsche mit „so" oder „ja so" übersetzt werden. Als Kurzform kommt auch oft nur „多" zum Einsatz. Meist folgt nach einem „多么" am Satzende ein „啊".

Tā pǎo de duō kuài a!
他 跑 得 多 快 啊!   Ah, er läuft ja so schnell.

Tā de gē chàng de duōme hǎotīng a!
他 的 歌 唱 得 多么 好听 啊! Ah, er singt das Lied ja so gut!

极 Das Adverb „极" drückt ein extremes, äußerst intensives Ausmaß aus. Es steht meist hinter einem Adjektiv.

Hǎo jí le!
好 极 了!   Super gut!

Hinweis: Das Adverb „极" wird oft von einem „了" gefolgt, wenn es hinter einem Adjektiv am Satzende steht.

Das Ausrufswort „喂" dient dazu, die Aufmerksamkeit eines Zuhörers auf den Sprecher zu lenken. Es kann ins Deutsche mit „hallo" übersetzt werden.

Wéi, nǐ hǎo!
喂，你好！

Hallo! Guten Tag!

Das Ausrufswort „啊" verstärkt eine Aussage. Es entspricht in der deutschen Sprache Ausrufen wie „ah" oder „oh".

Zhēn piàoliang a!
真 漂亮 啊！

Ah, echt schön!

13 Vergleiche

Ein Vergleich beschreibt, dass zwei Dinge gleich oder unterschiedlich sind. Ein Vergleich wird im Chinesischen mit „比" oder „和…一样" formuliert.

„比" kennzeichnet einen Vergleich, bei dem ein Unterschied zwischen zwei Dingen beschrieben wird. „比" kann ins Deutsche mit „als" übersetzt werden.

Wǒ bǐ tā gāo.
我 比 他 高。

Ich bin größer als er.

Fēijī bǐ zìxíngchē kuài.
飞机 比 自行车 快。

Ein Flugzeug ist schneller als ein Fahrrad.

Die Verneinung von „比" ist „没有" und bedeutet „nicht so… wie".

Wǒ méiyǒu tā gāo.
我 没有 他 高。

Ich bin nicht so groß wie er.

Soll der Unterschied betont werden, so wird das „没有" durch ein „那么" oder „这么" im Satz verstärkt. „那么" oder „这么" stehen dabei vor dem Adjektiv. Ins Deutsche kann die Konstruktion mit „nicht derartig… wie" übersetzt werden.

Shànghǎi méiyǒu Běijīng nàme lěng.
上海 没有 北京 那么 冷。

Schanghai ist nicht derartig kalt wie Peking.

Hinweis: Der Unterschied zwischen „那么" und „这么" ist der Bezug – also der Standpunkt des Sprechers (vgl. Abschnitt *1.2 Demonstrativpronomen*"). Bei „那么" schwingt ein „so wie jenes" mit, bei „这么" ein „so wie dieses".

„和…一样" formuliert einen Vergleich, bei dem eine Gemeinsamkeit zwischen zwei Dingen beschrieben wird. Es kann ins Deutsche mit „genauso wie" übersetzt werden.

Tā hé wǒ yíyàng gāo.
她 和 我 一样 高。

Sie ist genauso groß wie ich.

Tā chàng de hé tā yíyàng hǎo.
她 唱 得 和 他 一样 好。

Sie singt genauso gut wie er.

14 Zeitformen

Die Zeitform eines Satzes beschreibt, in welcher Zeit etwas stattfindet. Grundsätzlich unterscheidet das Chinesische zwischen Vergangenheit, Gegenwart und Zukunft.

14.1 Vergangenheit

Die Vergangenheitsform wird gebildet, indem die Partikel „了" hinter das Verb eines Satzes gestellt wird. Hat ein Satz mehrere Verben (去…), so steht „了" hinter dem letzten Verb.

Wǒ qùle Běijīng.
我 去了 北京。

Ich bin nach Peking gefahren.

Wǒ qù fànguǎn chīle fàn.
我 去 饭馆 吃了 饭。

Ich bin ins Restaurant gegangen und habe gegessen.

Soll der Zeitpunkt, die Ortsangabe oder die Art und Weise eines vergangenen Geschehnisses betont werden, so wird die Vergangenheitsform durch eine Konstruktion aus „是… 的" gebildet. „是" steht dabei vor dem zu betonenden Satzteil. „的" steht am Ende des Satzes. Es wird kein „了" verwendet.

Wǒ shì zuótiān huíjiā de.
我 是 昨天 回家 的。

Es war gestern, dass ich nach Hause zurückgekehrt bin.

Zhè běn shū shì zài huǒchēzhàn mǎi de.
这 本 书 是 在 火车站 买 的。

Es war im Bahnhof, dass ich dieses Buch gekauft habe.

Wǒ péngyou shì zuò fēijī qù de.
我 朋友 是 坐 飞机 去 的。

Mit dem Flugzeug ist mein Freund hingeflogen.

Eine besondere Form der Vergangenheit ist die Beschreibung, dass etwas schon einmal stattgefunden hat. Dies wird durch die Vergangenheitspartikel „过" gekennzeichnet. Sie steht hinter dem Verb eines Satzes. Die Partikel „过" kann ins Deutsche mit „schon einmal" übersetzt werden.

Wǒ qùguo Zhōngguó.
我 去过 中国。

Ich war schon einmal in China.

Wǒ kànguo zhège diànyǐng.
我 看过 这个 电影。

Ich habe diesen Film schon mal gesehen.

14.2 Gegenwart

Die allgemeine Gegenwartsform wird gebildet, indem ein chinesisches Verb ohne irgendwelche Partikel oder Grammatikhilfswörter verwendet wird. Ebenso gibt es keine Beugung.

Zhōngguó yǒu hěn duō rén.
中国 有 很 多 人。

China hat viele Menschen.

Shāngdiàn jīntiān kāi mén.
商店 今天 开 门。

Der Laden ist heute geöffnet.

14.3 Zukunft

Die allgemeine Zukunftsform wird gebildet, indem ein chinesisches Verb ohne irgendwelche Partikel oder Grammatikhilfswörter verwendet wird. Ist ohne Kontext nicht ersichtlich, dass das Geschehen in der Zukunft liegt, wird eine entsprechende Zeitangabe hinzugefügt.

Tā míngtiān qù Běijīng.
他 明天 去 北京。

Er fährt morgen nach Peking.

Wǒmen zhōngwǔ jiàn.
我们 中午 见。

Wir werden uns mittags treffen.

Wird eine Handlung oder ein Ereignis in unmittelbarer Kürze stattfinden, so wird dies durch eine Konstruktion aus „要…了" gekennzeichnet. Im Deutschen entspricht das Wörtern wie „gleich" oder „in Kürze".

Huǒchē yào kāi le.
火车 要 开 了。

Der Zug wird gleich abfahren.

Tā yào zǒu le.
他 要 走 了。

Er wird gleich weggehen.

Tiān kuài yào hēi le.
天 快 要 黑 了。

Es wird in Kürze dunkel werden.

14.4 Verlaufsform und durative Beschreibung

Eine Verlaufsform oder eine durative Beschreibung geben an, ob sich ein Ereignis über eine Zeitspanne erstreckt und somit nicht nur an einem Zeitpunkt stattfindet. Wichtige Partikel oder Konstruktionen, die eine Verlaufsform bzw. Durativ beschreiben, sind: „在…呢", „正在" und „着".

在…呢

„在…呢" drückt aus, dass etwas soeben stattfindet. Die Partikel „在" steht dabei vor dem Verb und die Partikel „呢" am Satzende.

Wǒ zài xiě dōngxi ne.
我 在 写 东西 呢。

Ich bin beim Schreiben.

Tāmen zài chīfàn ne.
他们 在 吃饭 呢。

Sie sind beim Essen.

☺ **Hinweis:** Das „呢" macht den Satz sanfter, muss aber nicht da stehen. Die beiden Sätze „我在写东西" und „我在写东西呢" sind daher richtig.

正在

Das Adverb „正在" drückt aus, dass etwas soeben geschieht.

Wǒmen zhèngzài kàn diànshì.
我们 正在 看 电视。

Wir schauen soeben Fernsehen.

Zuótiān zhōngwǔ, tā zhèngzài jiā shuìjiào.
昨天 中午, 他 正在 家 睡觉。

Gestern Mittag schlief er gerade zu Hause.

☺ **Hinweis:** Eine Konstruktion mit „在…呢" unterscheidet sich von einem Satz mit „正在" in folgendem Aspekt: „正在" bezieht sich eher auf einen Zeitpunkt, das Konstrukt „在…呢" eher auf einen Zeitraum.

Zhè liǎng ge yuè, tā zài xuéxí kāi chē.
这 两 个 月, 他 在 学习 开 车。

Diese zwei Monate lernte er Auto fahren.

Die Partikel „着" ist eine Durativpartikel. Sie beschreibt einen Zustand, eine andauernde Handlung oder eine Gleichzeitigkeit. Im Deutschen wird das oft mit einem Nebensatz oder einem Partizip übersetzt (lachend, singend…). Ein durativer Aspekt wird gebildet, indem die Partikel „着" an ein Verb angehängt wird. Anbei je ein Beispiel für eine Gleichzeitigkeit, eine andauernde Handung und einen Zustand:

Tā xiàozhe shuō: "Míngtiān jiàn!"
他 笑着 说："明天 见！"   Er sagte lachend: „Bis morgen!"

Wàimiàn xiàzhe yǔ.
外面 下着 雨。   Draußen regnet es.

Zhuōzi shàng fàngzhe yì běn shū.
桌子 上 放着 一 本 书。   Auf dem Tisch liegt ein Buch.

Hinweis: Was ist der Unterschied zwischen der Partikel „着" und den beiden Formen „在…呢" und „正在"? „着" hat eher einen beschreibenden Charakter. Der beschriebene Vorgang erstreckt sich über die gesamte Zeitspanne. „在…呢" und „正在" betonen, dass zu dem Zeitpunkt, der beschrieben wird, ein Vorgang läuft.

Anhang B: Zähleinheitswörter

ZEW	Pinyin	Art	Beispiele
把	bǎ	Handvoll	一把米，一把伞，一把椅子
班	bān	Schichten, Klassen	一班车，下一班飞机
包	bāo	Beutel	一包茶，一包糖
杯	bēi	Tassen, Gläser, Becher	一杯啤酒，一杯水
本	běn	Bücher	一本书，一本字典
层	céng	Schichten, Stockwerke	一层楼
场	chǎng	Fronten, Ereignisse	一场雪，一场电影，一场球赛
次	cì	Male	一次，两次
段	duàn	Abschnitte	一段历史，一段时间，一段故事
对	duì	Pärchen	一对夫妻
朵	duǒ	Blumen, Quellwolken	一朵花
个	gè	Stücke	一个人
根	gēn	lange, dünne Gegenstände	一根香蕉，一根草，一根头发
家	jiā	Familien, Organisationen	一家人家，一家商店，一家公司
件	jiàn	Dokumente, Kleidung	一件衣服，一件事
节	jié	Abschnitte	一节课
句	jù	Sätze, Ausdrücke	一句话
口	kǒu	Münder	三口人，三口饭
块	kuài	Klötze, Stücke	一块钱，一块蛋糕
辆	liàng	Fahrzeuge	一辆车，一辆火车，一辆出租车
盘	pán	Teller	一盘鱼，一盘菜

Anhang B: Zähleinheitswörter

ZEW	Pinyin	Art	Beispiele
双	shuāng	Paare	一双鞋，一双手，一双筷子
条	tiáo	Streifen	一条裤子，一条裙子，一条新闻，一条街道
碗	wǎn	Schüsseln	一碗饭，一碗茶
位	wèi	Personen	一位老师，一位医生，一位校长
箱	xiāng	Kisten	一箱苹果，一箱葡萄酒
张	zhāng	Papier, Karten	一张床，一张桌子，一张报纸
只	zhī	Kleintiere	一只手，一只猫，一只狗
种	zhǒng	Arten, Sorten, Typen	一种茶，这种人，那种事

Anhang C: Zeichen mit zwei Lesungen

Zeichen	Lesung	Bedeutung	Beispiele
乐	yuè	Geräusch	音乐
	lè	Freude	快乐
只	zhǐ	nur	只是
	zhī	ZEW Kleintiere	一只猫
好	hǎo	gut	很好
	hào	Vorliebe haben	爱好
长	cháng	lang	长短
	zhǎng	Leiter; wachsen	校长，长大
朵	duo	Suffix ohne Bedeutung	耳朵
	duǒ	ZEW Stengel	花朵
发	fā	hervorbringen, senden	发烧，发现，发信
	fà, fa	Haar	头发
便	biàn	bequem, günstig	方便
	pián	billig, günstig	便宜
还	hǎi	noch	还是
	huǎn	zurückgeben	还书
教	jiāo	unterrichten, beibringen	教书
	jiào	unterrichten, erziehen	教室
行	xíng	gehen; Reise	行吗？行李箱
	háng	Geschäftsbereich	银行
相	xiāng	einander, gegenseitig	相信
	xiàng	Bild, Foto	照相机

Anhang C: Zeichen mit zwei Lesungen

解	jiě	verstehen, begreifen	了解
	xiè	als Nachname	解东东同学
谁	shuí shéi	wer	谁来了？
觉	jué	fühlen	觉得
	jiào	Schlaf	睡觉
喂	wéi	hallo	喂，是李老师吗？
	wèi	füttern	我喂弟弟吃饭。
为	wéi wèi	für	因为 为什么
空	kōng	leer; Luft	空调，空气
	kòng	Freiraum, Freizeit	我没有空。

Anhang D: Ähnliche Wörter

Die folgenden Wörter werden oft verwechselt. Die folgende Aufstellung soll helfen, sich den Unterschied bewusst zu machen:

高兴 (gāoxìng) — glücklich
wegen einer Sache

我很高兴认识你。

快乐 (kuàilè) — fröhlich
Charakter einer Person, langer Zeitraum

小红是一个又聪明又快乐的孩子。

低 (dī) — niedrig, tief
abstrakt für Niveau, Klasse, Standard, Stimme, Flughöhe…

声音很低。水平很低。
小心，鸟飞得很低！
als Verb: 低着头。

矮 (ǎi) — klein, niedrig
Höhe von greifbaren Dingen oder Lebewesen

这些树很矮。七个小矮人
那个人不高不矮。
前面的房子很矮。

帮助 (bāngzhù) — helfen; Hilfe
Verb (帮助) oder Substantiv (帮助)

谢谢你帮助我搬家。
你们去帮助妈妈洗碗吧！
谢谢你的帮助！

帮忙 (bāngmáng) — helfen
Verb (帮) + Objekt (忙)

谢谢你帮我的忙。
帮一下忙！
他帮了我的大忙。

明白 (míngbai) — verständlich
klar, verständlich, verstehen

我不明白你是什么意思。
他是一个明白人。

清楚 (qīngchu) — deutlich
leicht zu erkennen, deutlich

他的字写得很清楚。
黑板上的字太小了，我看不清楚。

简单 (jiǎndān) — einfach, simpel
einfach, oberflächlich

这个问题很简单。
不要简单地看问题。

容易 (róngyì) — leicht, mühelos
leicht, nicht schwer (subjektive Sicht)

这个问题很容易。
她很容易生病。(容易 + Verb)